# O MAIOR VENDEDOR DO MUNDO

[ 2ª parte ]

*O fim da história*

**Outras obras do autor publicadas pela EDITORA RECORD**

*O décimo segundo anjo*
*A escolha certa*
*O mago da palavra*
*O maior milagre do mundo*
*O maior milagre do mundo - 2ª parte*
*O maior mistério do mundo*
*O maior presente do mundo* (com Buddy Kaye)
*O maior segredo do mundo*
*O maior sucesso do mundo*
*O maior vendedor do mundo*
*O maior vendedor do mundo - 2ª parte*
*A melhor maneira de viver*
*A ressureição de Cristo*
*Sucesso sem limites* (Editoria)
*A universidade do sucesso* (Editoria)

OG MANDINO

# O MAIOR VENDEDOR DO MUNDO

[ 2ª parte ]

*O fim da história*

Tradução de
ANTÔNIO TRÂNSITO

35ª EDIÇÃO

EDITORA RECORD
RIO DE JANEIRO • SÃO PAULO
2025

CIP-Brasil. Catalogação-na-fonte
Sindicato Nacional dos Editores de Livros, RJ.

Mandino, Og, 1924-1996
M239m O maior vendedor do mundo, 2ª parte: o fim da
35ª ed. história / Og Mandino; tradução de Antônio Trânsito. –
35ª ed. – Rio de Janeiro: Record, 2025.

Tradução de: The greatest salesman in the world, parte II
ISBN: 978-85-01-03528-8

1. Sucesso. I. Título.

93-0185 CDD: 650.12
CDU: 17.023.36

Título original norte-americano
THE GREATEST SALESMAN IN THE WORLD – PARTE II





Impresso no Brasil

ISBN 978-85-01-03528-8



Atendimento e venda direta ao leitor:
sac@record.com.br

Pois está escrito: destruirei a sabedoria dos sábios, e aniquilarei a inteligência dos intelectuais.

Onde está o sábio? onde o escriba? onde o crítico deste mundo? Porventura não tornou Deus tola a sabedoria do mundo?

I Coríntios 1:19-20

# UMA DEDICATÓRIA ESPECIAL

☆

Ele foi meu amigo do peito por doze anos e sempre sentou-se pacientemente ao meu lado, noite após noite, sempre que eu agonizava a respeito da transformação de sentenças em parágrafos, de parágrafos em páginas e páginas em livros.

Com muita freqüência, tarde da noite, ele podia cair num cochilo enquanto eu trabalhava em minha barulhenta máquina de escrever, mas suas pálpebras nunca se fechavam por inteiro... como se ainda estivesse de prontidão se eu precisasse dele.

Falei-lhe sobre centenas de problemas de redação, através dos anos, e ele sempre ouvia com muita paciência e compreensão. Foram tantas as mudanças de personagens e tramas que surgiram em conseqüência das minhas vigorosas trocas de idéias ali com ele que não estou bem certo de como um dia irei trabalhar sem sua presença.

Seu sofá especial, ao lado de minha mesa, agora parece muito grande... e muito vazio. Ainda preciso conter as lágrimas sempre que me esqueço e me volto para dizer-lhe algo e então percebo que não está em seu lugar favorito, e nem estará mais.

Slippers, seu velho *basset hound*, estou morrendo de saudade de você e se este livro algum dia for publicado, e mais outros no futuro, será apenas porque sei que você está aí em cima no seu sofazinho celestial, ainda fazendo festa e latindo para seu velho companheiro.

Este livro, com todo o meu amor, é para você, rapaz..

# OG MANDINO RECORDA...

☆

Além de Mickey Mantle atingir o 500º *home run** de sua carreira, o Dr. Christian Barnard realizar o primeiro transplante de coração humano do mundo e Barbra Streisand cantar no Central Park, 1967 não foi um ano muito bom.

Houve distúrbios raciais em Cleveland, Newark e Detroit. Israel e as nações árabes engajaram-se numa sangrenta guerra de seis dias. A República Popular da China explodiu sua primeira bomba de hidrogênio. Aviões americanos bombardeavam Hanói e três astronautas americanos foram queimados até à morte na plataforma de lançamentos.

*No beisebol, golpe que permite ao batedor completar o circuito das bases (N. *do* T.).

No meio de toda aquela angústia e medo, e enquanto o mundo oscilava à beira da extinção, desfrutei de um momento de grande orgulho que nunca irei esquecer, quando, naquele outono, tive finalmente entre as mãos o exemplar da primeira edição de meu pequeno livro, *O Maior Vendedor do Mundo*.

Ser publicado num ano tão caótico e em meio a formidáveis livros novos de autores como Gore Vidal, Isaac Bashevis Singer, Thornton Wilder, William Golding e Leon Uris não constituía um bom presságio para meu primeiro esforço ficcional. Minha parábola sobre um jovem cameleiro no tempo de Cristo, uma categoria improvável em qualquer época, parecia destinada a sofrer o mesmo esquecimento que a maioria dos milhares de outros livros novos que estavam sendo lançados naquele outono, apesar dos heróicos esforços do editor Frederick Fell para divulgar o que insistia em ser um dos livros mais importantes que havia publicado em 25 anos.

E então aconteceu um milagre. Na verdade, dois milagres. O pioneiro dos seguros, W. Clement Stone, a quem eu havia dedicado o livro em gratidão por sua ajuda e amizade, ficou tão tocado pela história que encomendou dez mil exemplares de *O Maior Vendedor do Mundo* para distribuição entre todos os empregados e acionistas de sua imensa Combined Insurance Company. Ao mesmo tempo, Richard DeVos, co-fundador da Amway International, começou a aconselhar a seus milhares de distribuidores, em palestras por todo o país, no sentido de que deveriam aprender e aplicar os princípios do sucesso encontrados no livro de Og Mandino.

Esses dois influentes líderes plantaram bem suas sementes. Estimuladas por uma crescente multidão de leitores que contribuíram espontaneamente para uma das mais extensas campanhas de boca-a-boca da história editorial, as vendas do livro aumentaram de ano para ano, para minha grande satisfação e espanto. Em 1973, o livro havia registrado um nível quase inédito de 36 edições, vendido mais de quatrocentos mil exemplares encadernados e estava sendo aclamado por Paul Nathan, da *Publisher's Weekly*, como "o *bestseller* que ninguém conhece". Nem uma só vez havia aparecido em qualquer lista nacional de *bestsellers* até que a Bantam Books adquiriu os direitos para publicação em brochura, promoveu-o nacionalmente e publicou sua primeira edição em 1974.

Fico constantemente tocado pelo amplo espectro de leitores que foram influenciados por minha história sobre como dez pergaminhos de sucesso e felicidade passaram à posse de um jovem e corajoso cameleiro, após ele ter feito uma visita acidental a um estábulo em Belém, certa noite. Condenados à prisão têm escrito que memorizaram cada palavra contida em seus surrados exemplares de *O Maior Vendedor*, viciados em drogas e alcoólatras em tratamento admitiram dormir com o livro sob os travesseiros, os quinhentos principais executivos da lista da revista *Fortune* distribuíram exemplares aos milhares para seus subordinados, enquanto *superstars* como Johnny Cash e Michael Jackson continuam a cantar-lhe louvores.

Para uma pessoa que jamais imaginara que alguém iria ler o resultado de seu esforço literário, a não ser talvez seus familiares próximos, é difícil compreender que *O Maior Vendedor do Mundo* tenha vendido até agora mais de nove milhões de exemplares em dezessete idiomas e se tornado hoje o maior *bestseller* para pessoal de vendas de todos os tempos, no mundo inteiro.

Através dos anos, recebo freqüentemente em correspondência a sugestão de que deveria considerar escrever uma seqüência ao meu *bestseller* de duas décadas, uma vez que, ao contrário de minha famosa criação ficcional, eu não me aposentei. Nos anos que se passaram desde que *O Maior Vendedor* viu pela primeira vez a luz do dia, consegui produzir doze outros livros e também continuo a correr mundo proferindo palestras a grandes auditórios de amigos do *Maior Vendedor* sobre o tema do sucesso.

No início mantive-me completamente avesso à idéia de trazer meu vendedor de volta para um bis. Escrever aquele livro mudou minha vida e a de minha família para sempre, e eu não desejava correr o risco de produzir qualquer continuação que pudesse diluir ou prejudicar o original de alguma maneira. Além disso, uma vez que eu supunha que vinte anos deviam ter transcorrido para meu herói de ficção, Hafid, tanto como para mim na vida real, ele teria no mínimo sessenta anos de idade, conseqüentemente, e eu não estava bem certo do que poderia fazer com um sujeito velho como aquele. Então, certa manhã, enquanto voava para Lisboa para definir a tônica da reunião anual dos principais produtores da North American Company, percebi subitamente que sou dois anos mais velho que Hafid e eis-me aqui, ainda escrevendo e voando ao redor do mundo, dando palestras e concedendo entrevistas pelo rádio e pela televisão, para não mencionar que ainda consigo mandar uma bola de golfe a mais de duzentos metros. Se eu ainda podia trabalhar e apresentar-me, ele também podia! Foi quando decidi que o maior vendedor do mundo devia emergir de sua aposentadoria.

Seja você um velho amigo de Hafid ou seja este o seu primeiro contato, dou-lhe as boas-vindas com amor. Leia e desfrute...e possam as palavras e idéias que encontrar aqui aliviar sua carga e iluminar seu caminho, assim como o predecessor deste evidentemente fez para tantos.

*Scottsdale, Arizona*

# O MAIOR VENDEDOR DO MUNDO

# Um

☆

Nos arredores de Damasco, num soberbo palácio de mármore polido, emoldurado por palmeiras gigantes, vivia um homem muito especial chamado Hafid. Agora aposentado, seu vasto império comercial outrora não conhecera fronteiras, estendendo-se por tantos países, da Pártia a Roma e à Britânia, sendo ele aclamado em toda parte como o maior vendedor do mundo.

À época em que se afastou do mundo comercial, após seu 26º ano de crescimento e lucros recordes, a história inspiradora da elevação de Hafid de humilde cameleiro à sua imponente posição de poder e riqueza havia se espalhado pelo mundo civilizado.

Naquela época de grandes distúrbios e sublevações, enquanto quase todo o mundo civilizado curvava-se docilmente a César e seus exércitos, a fama e a reputação de Hafid haviam-no elevado quase à condição de lenda viva.

Especialmente entre os pobres e oprimidos da Palestina, uma região fronteiriça nos limites orientais do império, Hafid de Damasco era exaltado em canções e poemas como um exemplo brilhante do quanto era possível a vida de alguém ter êxito apesar dos obstáculos e desvantagens.

E, no entanto, para um homem que havia moldado um legado tão monumental e acumulado uma fortuna de vários milhões de talentos de ouro, o maior vendedor do mundo estava longe de sentir-se feliz em seu isolamento.

Como fizera em tantos outros dias que se estendiam através dos anos passados, Hafid emergiu da entrada dos fundos de sua mansão ao alvorecer de uma manhã, pisando cuidadosamente nas lajes de basalto polido molhadas de orvalho, enquanto caminhava resoluto através do imenso e sombreado pátio. Muito longe, um galo solitário cantou quando os primeiros raios de ouro e prata do sol se irradiaram do leste por sobre o deserto.

Hafid deteve-se perto da fonte octogonal no centro do amplo pátio e inalou profundamente, assentindo em apreciação à espessa cobertura de flores amarelo-pálidas de jasmim que se agarravam aos muros de pedra que rodeavam a propriedade. Apertou o cinturão de couro, ajeitou a macia túnica de linho e continuou num passo mais lento até passar por sob uma arcada natural de ramos de ciprestes e encontrar-se diante de uma elevada tumba de granito, livre de toda ornamentação.

— Bom dia, minha adorada Lisha — ele meio que sussurrou, estendendo a mão para diante e acariciando suavemente um botão de rosa branca que brotava de um único arbusto alto que guardava a pesada porta de bronze do túmulo. Então retrocedeu até um banco próximo, de mogno entalhado, e sentou-se, olhando para a cripta que continha os restos mortais da amorosa mulher com quem havia partilhado sua vida, suas lutas e seus triunfos.

Hafid sentiu a pressão da mão em seu ombro e ouviu a voz rouca e familiar de seu antigo guarda-livros e companheiro fiel, Erasmo, antes mesmo de abrir os olhos.

— Perdoe-me, amo...

— Bom dia, velho amigo.

Erasmo sorriu, apontando para o sol que agora estava diretamente acima de suas cabeças.

— A manhã já se foi, amo. Boa tarde.

Hafid suspirou e balançou a cabeça.

— Outro perigo da idade avançada. Nunca dormimos à noite, sempre acordamos antes do amanhecer e então cochilamos como um gatinho durante o dia inteiro. Não há lógica nisso. Nenhuma.

Erasmo assentiu e cruzou os braços, esperando ouvir outra preleção sobre os pesares do envelhecimento. Mas não iria ser como em todas as outras manhãs, pois Hafid se havia subitamente levantado e corrido em longas passadas na direção da tumba, até que sua mão descansou sobre a pedra. Então se voltou e exclamou em voz forte:

— Transformei-me numa triste desculpa de ser humano! Diga-me, Erasmo, quanto tempo se passou, agora, desde que comecei esta vida egoísta e isolada, devotada apenas a sentir pena de mim mesmo?

Erasmo encarou-o de olhos arregalados e então respondeu:

— A grande mudança no senhor começou com o passamento de Lisha e sua súbita decisão de dispor de todos os seus empórios e caravanas, logo depois do sepultamento. Quartorze anos percorreram seu curso desde que meu amo decidiu voltar as costas ao mundo.

Os olhos de Hafid se haviam umedecido.

— Precioso aliado e irmão, como conseguiu tolerar por tanto tempo meu deplorável comportamento?

O velho guarda-livros baixou os olhos para as mãos.

— Temos estado juntos há quase quarenta anos e o amor que lhe tenho é incondicional. Servi-o durante seus maiores momentos de sucesso e felicidade e sirvo-o agora, exatamente com a mesma disposição, mesmo tendo eu agonizado diante da morte em vida que parece ter desejado a si próprio. Como não pode trazer Lisha de volta à vida, vem tentando juntar-se a ela naquela tumba. Lembra-se de quando me instruiu, muitos anos atrás, a reservar uma roseira vermelha e plantá-la junto a esta branca, depois que estivesse morto e posto a descansar ali?

— Sim — replicou Hafid —, e não vamos nos esquecer de meus constantes lembretes de que este palácio e armazém seriam seus após minha morte. Uma recompensa pequena por seus incontáveis anos de lealdade e amizade, e tudo o que tem suportado de minha parte desde que perdemos Lisha.

Hafid estendeu a mão, partiu o talo do solitário botão

de rosa branco e trouxe-o até o banco, colocando-o cuidadosamente sobre o regaço de seu velho amigo.

— A autopiedade é a mais terrível das enfermidades, Erasmo, e tenho sofrido disso há tempo demais. Divorciei-me tolamente de toda a humanidade, por causa de meu grande pesar, e fiz de mim mesmo um eremita nesse mausoléu em que residimos. Basta! É tempo de mudar!

— Mas não foram anos desperdiçados, amo. Suas grandes contribuições de caridade para os desprivilegiados de Damasco...

Hafid interrompeu.

— Dinheiro? Que sacrifício foi isso para mim? Todas as pessoas ricas resgatam sua consciência com dádivas em ouro para os pobres. Os ricos se alimentam dessas contribuições tanto quanto os famintos, e asseguram-se de que o mundo seja informado de sua grande generosidade que, para eles, não é maior que um punhado de moedas. Não, caro amigo, não aplauda minha caridade. Ao invés disso, solidarize-se com minha relutância em partilhar mais a mim próprio...

— Mas sua reclusão — protestou Erasmo — realizou algum bem, senhor. Não encheu sua biblioteca com as obras das grandes mentes do mundo e não devotou horas sem conta ao estudo de suas idéias e princípios?

Hafid assentiu.

— Tentei por todos os modos ocupar os longos dias e noites, proporcionando a mim mesmo a educação que nunca recebi quando jovem, e o esforço abriu meus olhos a um mundo de maravilhas e promessas que tive pouco tempo de apreciar em minha perseguição ao ouro e ao sucesso. Ainda assim, prolonguei meu pesar muito além da conta. Este mundo proporcionou-me tudo o que um homem poderia desejar. É tempo de começar a pagar meu débito fazendo tudo o que puder para ajudar a construir uma vida melhor para a humanidade toda. Ainda estou pronto para o lugar de meu descanso final, e a rosa vermelha que o instruí a plantar aqui por ocasião de minha morte, perto desta branca que era a favorita de Lisha, deve esperar.

Lágrimas de alegria corriam agora pelas faces enrugadas de Erasmo, enquanto Hafid continuava:

— Tito Lívio estava escrevendo sua história de Roma quando tinha 75 anos, e Tibério governou o império até quase os oitenta. Comparado a eles sou apenas uma criança... uma criança saudável de sessenta! Meus pulmões estão limpos, minha carne é firme, minha visão é excelente, meu coração é forte e minha mente está alerta como o era aos vinte. Acredito que estou preparado para uma segunda vida!...

— Isso é um grande milagre! — bradou Erasmo, olhando em direção aos céus. — Depois de anos de angústia e pesar silenciosos diante de sua condição, minhas orações foram finalmente atendidas. Diga-me, senhor, o que causou essa surpreendente ressurreição do homem que foi tão amado e respeitado pelo mundo?

Hafid sorriu.

— Lisha.

— Lisha?

— Lembra-se de quantas vezes, através dos anos, o que Lisha sonhava terminava finalmente por acontecer?

Erasmo assentiu.

— As informações que nos fornecia, ao acordar, com freqüência evitavam que nos metêssemos em acordos comerciais que teriam custado muitas fortunas.

Hafid apontou na direção do banco.

— Esta manhã, enquanto cochilava ali, sonhei com Lisha. Segurava minha mão levando-me a caminhar pelas ruas de Damasco, mostrando-me quantos na multidão pareciam estar famintos, doentes, feridos, perdidos, pobres ou infelizes. Ouvi sua voz, dizendo-me suavemente que eu não podia ignorar por mais tempo essas pessoas. Lembrou-me que havia legiões de outras semelhantes a essas, por todo o mundo, que não tinham ninguém para quem se voltar, e que não devo fechar os olhos à sua condição, escavar um buraco no chão e esconder-me como um verme.

— Nunca se soube de Lisha falar-lhe dessa maneira, senhor.

— Uma retificação, Erasmo. Ela não tinha motivo para fazê-lo no passado. Mas espere, há mais em meu sonho. Disse-me ela então que minha vida estava por recomeçar e preveniu-me que meus dias como recluso haviam terminado porque um estranho viria ter à minha porta, exatamente hoje, e que eu não deveria mandá-lo de volta como fiz com tantos no passado. Esse estranho, disse Lisha, iria me fornecer a chave para destrancar meu futuro, um futuro que afetaria muitas vidas. Erasmo? Erasmo, por que você está tão pálido? O que está errado?

— Suplico o seu perdão, senhor, mas em minha grande alegria por esta sua surpreendente transformação, negligenciei anunciar-lhe que há um visitante aguardando seu obséquio na biblioteca.

— Um amigo?

— Um estranho, ao menos para mim. Disse que seu nome é Galeno, é de Jerusalém, e tem uma proposta de negócios a lhe fazer.

— Por que não o mandou de volta, como tem feito com todos os visitantes, de acordo com minhas ordens, durante todos esses anos?

— Havia algo de especial com relação a esse homem, senhor, e não consegui decidir-me a solicitar-lhe que partisse.

— Não sabe ele que meus dias de ouvir propostas de negócios já há muito se acabaram?

Erasmo sorriu e inclinou a cabeça astutamente.

— Não sabe. Como também não sabe que sua presença já foi anunciada num sonho. Ainda é seu desejo que o mande seguir caminho?

O riso de Hafid ecoou pelo pátio pela primeira vez em mais de uma década enquanto os dois velhos amigos se abraçavam e se voltavam para o palácio.

— Apressemo-nos, Erasmo. Nunca se deve fazer um sonho esperar.

# Dois

☆

O estranho estava parado junto ao viveiro de peixes dourados no centro da vasta biblioteca, olhando com admiração para os milhares de rolos de pergaminho dispostos organizadamente em estantes de nogueira que se estendiam desde o piso de mármore escuro até o teto alto, realçado por um mosaico em azul e ouro.

Galeno era baixo e seu cabelo branco aparado rente formava um forte contraste com suas feições escuras. Apesar de sua baixa estatura, havia autoridade no homem, sugerindo que era alguém que exigia e recebia respeito. Erasmo recuou após apresentar o visitante a seu amo.

— Estou extremamente honrado em conhecer, finalmente, o maior vendedor do mundo — disse Galeno, curvando-se até a cintura. — E estou pasmado com este aposento. Que coleção magnífica! Até o imperador Cláudio ficaria verde de inveja.

Hafid anuiu orgulhosamente.

— Sim, aqui posso consultar Horácio, Virgílio, Catulo, Lucrécio e inúmeros outros que foram abençoados com grande visão e sabedoria. E naquela parede sul se encontra talvez a única coleção completa das obras de Varrão... 620 pergaminhos em 74 livros. Entretanto, duvido que tenha vindo aqui para discutir minha coleção e peço-lhe perdão por tê-lo feito esperar por tanto tempo. Sentemo-nos aqui — disse, apontando para um divã cujo encosto era incrustado de casco de tartaruga e pedrarias.

Sentindo sua deixa no tom severo de Hafid, Galeno abordou rapidamente o propósito de sua visita.

— Senhor, foi-me dado a entender que, em virtude do imenso império comercial que outrora controlou, tem a habilidade de falar com eloqüência na língua dos judeus, dos gregos e dos romanos. Isso é correto?

Hafid franziu a testa e olhou na direção de Erasmo, que encolheu os ombros e desviou o olhar.

— Duvido que haja muita eloqüência em minhas palavras — replicou —, mas exercitei-me para ao menos comunicar-me em todos os três idiomas.

Galeno inclinou-se na direção do anfitrião.

— Muito honrado mercador, estamos entrando numa era em que a sede de conhecimentos da espécie humana parece não conhecer fronteiras. Uma revolução da mente e do espírito está tendo lugar, empreendida pelo homem comum que não mais se contenta em permanecer comum. Ele busca orientação, aconselhamento e instrução sobre como pode enriquecer o seu quinhão na vida através de uma aplicação mais sábia dos talentos que tem possuído desde o nascimento. Para satisfazer essa migração em massa ao mundo do auto-aperfeiçoamento, milhares de instrutores e oradores viajam atualmente de cidade em cidade, partilhando seus conhecimentos e experiência sobre todos os temas possíveis... da astrologia à agricultura, dos investimentos à medicina, dando palestras a grandes multidões, tanto instruídas como incultas, em encostas naturais, ginásios, fóruns, teatros e mesmo templos.

Galeno fez uma pausa, esperando por alguma reação de seu anfitrião, mas como Hafid permanecesse em silêncio, continuou:

— Sem dúvida, entre essa legião de preletores existe charlatães eloqüentes, que distribuem informações inúteis e cuja mensagem é de ínfimo valor comparada à alta taxa de matrícula que cobram. Por outro lado, há muitos mestres poderosos de oratória na tradição dos romanos Catão e Cícero, que se inspiram numa vida inteira de lutas e observações e deixam seus auditórios com valiosas lições e técnicas que enriquecerão qualquer vida. Vários dos que realizam esses circuitos conquistaram muitos seguidores e ganham imensas fortunas sobre a tribuna.

Hafid ergueu a mão, um sorriso paciente nos lábios.

— Estou bem informado, senhor, sobre esses mestres da arte da retórica. Exceto por aqueles poucos que fomentam problemas, aplaudo seus esforços para tornar este mundo melhor para todos. Mas o que tudo isso tem a ver comigo?

— Grande vendedor — disse Galeno —, sou um experimentado promotor de exposições, jogos e outros eventos de entretenimento para as massas. Nos últimos vinte anos tenho produzido e encenado debates, palestras, concertos, lutas de boxe, lutas romanas, peças de teatro e inúmeras corridas a pé e de carruagem. Organizei apresentações em Atenas, Jerusalém, Alexandria, Roma e centenas de cidades e povoados menores por todo o mundo civilizado.

— Isto é interessante, com efeito, Galeno, e estou impressionado. Mas por que está aqui?

Houve um ligeiro tremor na voz do visitante.

— Senhor, eu gostaria de representar o maior vendedor do mundo em vários circuitos de palestras. Estou certo de que com o seu passado deve ter uma mensagem de esperança e sucesso que poderia mudar muitas vidas, e após ter ouvido sua poderosa voz sei que poderia transmiti-la com grande autoridade. Uma vez que sua reputação garantiria grandes multidões por toda parte, desejo colocá-lo sobre as tribunas e palcos deste mundo, de modo que possa ter a oportunidade de instruir e inspirar o homem e a mulher comuns nas técnicas necessárias para tornar realidade ao menos alguns de seus sonhos. O mundo está dolorosamente necessitado de sua experiente orientação, Hafid.

Foram necessários vários minutos para Galeno se recuperar do choque de ver Hafid aceitar instantaneamente sua proposta. Após o almoço, durante o qual Hafid relatou seu estranho sonho da manhã e a predição de Lisha, os dois continuaram sua discussão à grande mesa de teca existente na biblioteca, enquanto Erasmo tomava muitas notas.

— Nosso primeiro circuito — explicou Galeno — seria uma breve mas importante experiência de aprendizado, uma vez que o senhor trabalharia no aperfeiçoamento de sua palestra e na aquisição de alguns dos fundamentos da boa oratória ao praticar diante de auditórios pequenos. Irei observar suas primeiras apresentações e apresentar quaisquer sugestões que julgue úteis para aperfeiçoar seu desempenho. Trabalhar em cidades e aldeias próximas também lhe servirá como período de teste, e as primeiras quatro ou cinco palestras deverão ser suficientes para ajudá-lo a decidir se deseja ou não continuar rumo às capitais do mundo, onde as multidões seriam contadas em milhares e não mais em centenas.

— Isso é muito atencioso de sua parte — sorriu Hafid. — Se eu fizer papel de tolo, é melhor que apenas uns poucos sejam testemunhas de meu fracasso.

Galeno riu.

— Não acredito que isso venha a acontecer. Com sua permissão, partirei pela manhã e darei início a todos os preparativos necessários para as suas apresentações em quatro ou cinco locações, nenhuma distante mais de meio dia de viagem da seguinte. Então retornarei e o acompanharei por todo o circuito. Será que posso presumir que o homem cujas caravanas cobriram o mundo ainda possui em seus estábulos uma resistente carruagem fechada, suficientemente grande para transportar-nos e a nossos objetos pessoais com algum grau de conforto?

— Tenho um veículo favorito, que talvez precise de

reformas após permanecer ocioso por tantos anos. Erasmo, naturalmente, nos acompanhará. Essa carruagem é grande o suficiente para que quatro possam dormir e requer a tração de quatro cavalos; entretanto tenho diversos alazões árabes que podem abandonar a aposentadoria juntamente com seu proprietário. A carruagem foi um presente do governador da Judéia, Pôncio Pilatos, há no mínimo quinze anos, depois que lhe fiz um bom preço para duzentos garanhões premiados para sua cavalaria estacionada em Cesaréia.

— Excelente. Irei alugar em cada cidade o fórum mais apropriado para sua palestra, seja teatro, ginásio, arena ou escola, e irei recrutar o pessoal local necessário a melhor promover seu aparecimento diante do público.

Erasmo finalmente quebrou seu longo silêncio.

— Galeno, você mencionou a grande riqueza acumulada por alguns oradores itinerantes e estive esperando pacientemente que descrevesse o acordo financeiro que propõe para esse empreendimento.

— Naturalmente. Todas as despesas tais como alimentação, alojamento, aluguel das instalações para a palestra, estábulo e pagamentos àqueles de cada cidade que promoverem nossos programas, serão inicialmente deduzidas do total do dinheiro arrecadado com os ingressos. Então retenho 25% do saldo como minha comissão e entrego o restante a Hafid. Essa é a percentagem padrão cobrada pelos mais respeitados em nossa profissão.

— Isso parece inteiramente correto e justo — disse

Hafid. — Entregue todos os meus ganhos a Erasmo. Ele tem cuidado dos cordões de minha bolsa há muitos anos e não vejo razão para mudarmos nossos hábitos a esta altura. Posteriormente, poderemos decidir que obras de caridade deverão se beneficiar.

Galeno disse:

— Devo afastar-me pelo menos durante duas semanas, preparando seu itinerário. Enquanto estiver fora, terá tempo de preparar sua palestra e ensaiar a apresentação. Em realidade, os grandes oradores que conheci contaram-me que estão sempre praticando... que cada palestra é um ensaio para a seguinte... e que as palavras que usam sempre parecem mudar para se acomodarem ao auditório, às notícias importantes do momento e mesmo às condições do clima.

Hafid estava agora rabiscando sobre um pequeno pedaço de pergaminho.

— Em termos de tempo, Galeno, que extensão deverá ter a palestra?

— Não há extensão prescrita. Conheço um famoso filósofo que era conhecido por discursar por quatro horas ou mais e dizer pouco, e no entanto ainda me recordo de ter ouvido há anos um jovem pregador numa montanha perto de Jerusalém que emocionou a cada um dos ouvintes presentes com seu poder e seu amor num discurso de menos de meia hora. Sugiro que escreva um texto que possa ser transmitido no transcurso de uma hora e então memorize dele o suficiente para que sua apresentação pareça natural, sem que tenha de recorrer à leitura de qualquer de suas partes. Acima de uma hora, mesmo o mais leal dos auditórios começa a sofrer de uma terrível sensação de dormência nas nádegas.

Erasmo olhou apreensivo para o amo.

— Tem alguma idéia, neste momento ainda prematuro, de qual será o tema de suas palestras para o povo?

Hafid levantou-se e começou a andar pelas lajes do piso como se já estivesse ensaiando.

— Tenho pensado freqüentemente naquelas reuniões em anos há muito passados, quando todos os nossos administradores encontravam-se aqui, exatamente nesta sala, para reverem comigo os resultados do ano transcorrido e seus objetivos futuros. Sempre lhes falava, não sobre a qualidade de nossas mercadorias, nem sobre o volume de vendas alcançado, mas sim sobre a visão de futuro de cada pessoa e sobre quanto controle seria possível exercitar durante o ano para obter a melhor utilização de seus talentos e potencial. Falei com freqüência sobre a mudança e sobre como esta é dolorosa mas necessária, lembrando a meu pessoal que estamos sempre crescendo, não importa qual a nossa idade, ao contrário dos lírios do campo que florescem, murcham e são soterrados ou levados pelo vento. E estava sempre lembrando a eles as grandes maravilhas que podiam realizar desde que aprendessem a montar guarda, noite e dia, contra o pior inimigo que um dia teriam... eles próprios. Hoje basta apenas uma pessoa caminhar por uma rua de Damasco ou outra cidade qualquer para ser testemunha de quantos perderam seu caminho. Lisha, abençoada seja sua alma, revelou-me em meu sonho esta manhã. E sei pelas minhas próprias observações que este não é um mundo feliz. São dez a derramar lágimas para cada um que sorri. Algo está errado, muito errado. Deus proporcionou-nos todos os instrumentos necessários para alcançarmos qualquer objetivo, mas perdemos os projetos e os desenhos, e nada construímos senão edifícios de pesar. Talvez, a meu humilde modo, eu possa assistir a Deus... deixando cair alguns seixos para marcar uma trilha para aqueles que buscam orientação, exatamente como fui guiado em meu caminho, há muito tempo atrás, por um outro.

# Três

☆

E assim aconteceu que, numa idade em que a maioria das pessoas se contentaria em sentar-se à sombra com suas lembranças, o maior vendedor do mundo iniciou uma nova carreira.

Sua palestra inicial foi apresentada num mofado salão de reuniões nos arredores de Cesaréia de Filipe, para um auditório de menos de cem pessoas. Posteriormente, durante o jantar numa parada de caravanas próxima, Hafid fez um balanço da noite com seus dois companheiros.

— Sua mensagem — disse Galeno — foi ao mesmo tempo eficaz e simples e estou certo de que os princípios do sucesso que apresentou foram de grande valor para todos os presentes, a despeito da condição de cada um. E naturalmente ninguém, em nenhuma tribuna, é capaz de falar da posição em que você está porque nenhuma pessoa viva alcançou seu sucesso! Meu coração bate forte quando imagino suas apresentações, mais tarde, nas grandes cidades do mundo, como Roma e Jerusalém. Será necessário que fale durante muitas noites, não importa a capacidade dos fóruns, antes que tenhamos satisfeito as imensas multidões que se reunirão para aprender do mestre. Que idéia agradável!

Hafid afastou seu prato, sem sorrir, e disse:

— Por gentileza, contenha os cumprimentos, Galeno, até que eu os tenha merecido de fato. Por ora, diga-me apenas como posso aperfeiçoar meu fraco desempenho desta noite.

— Esta foi apenas sua primeira apresentação, Hafid, e não deve ser severo demais consigo mesmo. A arte da oratória é uma habilidade não facilmente adquirida. Esta noite notei que esqueceu de vários pontos que planejara abordar em sua palestra, mas continuou tão calmamente que duvido que qualquer pessoa na sala tenha percebido seu erro. Talvez possa desejar considerar a utilização de mais movimento corporal durante sua apresentação. Vez por outra caminhe até mais perto do seu auditório, pare e então simplesmente volte-se e afaste-se deles sem dizer nada. Lembre-se de que um bom orador é, antes de tudo, um bom ator. Faça gestos com os braços sempre que desejar enfatizar algum ponto, e também aumente e diminua o volume da voz. Extremamente importante: trabalhe para olhar nos olhos de quantos puder, em seu auditório, uma pessoa de cada vez, exatamente como se estivesse tendo conversas particulares com cada uma, apesar da distância.

Hafid meneou a cabeça tristemente.

— Tenho muito a aprender.

Galeno deu algumas palmadinhas em seu braço.

— Paciência, meu amigo, paciência. Sei que não se tornou o grande vendedor que é num único dia. Anos a fio, tenho lidado com centenas de oradores e devo dizer-lhe: fiquei impressionado, esta noite, com sua postura e autocontrole. Mas, pensando bem, eu não deveria ter ficado surpreso. Depois de todos os desafios que enfrentou e superou em toda a vida, esta noite foi provavelmente uma preocupação pequena.

— Pelo contrário — suspirou Hafid —, não estou convencido de que minha mensagem tenha tido qualquer valor para aquelas pessoas. Pareciam não ter sido tocadas por minhas palavras e houve poucos aplausos à conclusão.

— Eles virão, senhor — assegurou Erasmo —, eles virão.

Mas tal não aconteceu. Nem em Betsaida, nem em Corazim ou Cafarnaum, Hafid foi capaz de inflamar seus auditórios.

Sua apresentação final desse circuito inicial estava programada para a aldeia montanhosa de Nazaré, e como era passagem obrigatória tanto para as viagens militares como comerciais, Galeno e seus ajudantes conseguiram apinhar mais de trezentas pessoas no salão de jantar da única hospedaria da cidadezinha.

Hafid, em anos posteriores, apressou-se em reconhecer que sua decisão de falar em Nazaré teve uma grande influência no restante de sua vida. Após a noite lamentável em Cafarnaum, quando estava certo de ter falhado para com seu auditório de pescadores e mercadores, quase cancelou a última parada programada e retornou a Damasco. Apenas seu hábito de não desistir de nada que tivesse empreendido e sua incapacidade de sequer pronunciar as palavras "eu desisto" impeliram-no a Nazaré.

Embora o desempenho de Hafid tivesse melhorado a cada apresentação, a palestra de Nazaré, por si só, não foi memorável. Entretanto, sentado na segunda fileira de bancos, ouvindo atentamente cada palavra, estava um velho e respeitado amigo, Sérgio Paulo, há muito governador romano da ilha de Chipre, que sorria e balançava encorajador a cabeça durante a palestra, e ficou em pé, aplaudindo ruidosamente, assim que Hafid terminou os comentários finais.

Depois que Hafid respondeu à última pergunta de seu auditório, os dois velhos amigos subiram a escada da hospedaria, de braços dados, seguidos por Galeno e Erasmo. Sérgio acendeu lâmpadas a óleo no aposento escuro antes de convidar seus acompanhantes a entrar.

— Isto nem se compara a qualquer dos aposentos de Pafos — sorriu ele ao abraçar novamente Hafid —, mas simplesmente vê-lo, grande vendedor, e ao seu fiel camarada, Erasmo, é fausto suficiente para mim. Há quanto tempo foi mesmo?

— Perto de vinte anos, governador, mas o senhor não envelheceu um único dia.

— Ah, mesmo o maior vendedor às vezes força a verdade — replicou Sérgio e, enquanto provavam do vinho, Erasmo contava a Galeno os muitos anos lucrativos e felizes que haviam tido lugar entre as caravanas de Hafid e o povo de Chipre.

Finalmente, Hafid fez a pergunta que tivera em mente desde que vislumbrara Sérgio no auditório. O que estava o estimado governador da ilha de Chipre fazendo tão longe de seu território e por que estava num vilarejo perdido como Nazaré?

— De certo modo, Hafid, é culpa sua o fato de eu estar aqui. O nome Saulo ou Paulo de Tarso significa alguma coisa para você?

— Sem dúvida. Um pequeno pregador dotado de uma grande voz. Está tentando vender uma nova religião ao povo, baseado nos ensinamentos de um homem chamado Jesus, que foi crucificado por Pôncio Pilatos por sedição contra Roma. Conheci Paulo quando todos se haviam voltado contra ele e sua vida se encontrava em perigo. Ele veio a mim, afirmou, após ouvir uma voz enquanto rezava no templo judaico em Jerusalém. Aquela voz disse-lhe que se desejasse vender sua fé a outros deveria aprender como fazê-lo com o maior vendedor do mundo.

— E você concordou em ajudá-lo?

— Sim.

Sérgio anuiu e sorriu.

— Deve ter-lhe proporcionado um excelente treinamento. Paulo teve a coragem de vir a Chipre e solicitar uma audiência comigo, com base na amizade que tem com você. Dois dias mais tarde havia-me convertido à sua fé. Tenho sido um seguidor de Jesus desde então.

— Você? Um romano?

— Sim. Posso ser o primeiro no que me diz respeito. O homenzinho por acaso não tentou convertê-lo, após você ter-lhe fornecido tão valiosos conselhos sobre como vender idéias tão facilmente como mercadoria?

— Não. Partiu naquela mesma noite e nunca mais o vi desde então, embora tenha-me escrito com freqüência ao longo dos anos. Mas ainda não explicou, Sérgio, por que se encontra aqui, neste lugar esquecido por Deus.

O governador riu.

— Esquecido por Deus? Dificilmente. Decidi finalmente que a ampulheta de minha vida está quase esgotada e desejava caminhar nas pegadas de Jesus, aqui na Palestina, antes de morrer. Deixei o governo de Chipre em mãos capazes e solicitei uma licença de três meses com a intenção de ver o que pudesse do mundo em que Jesus viveu e influenciou tantas vidas.

— Mas qual é a importância de Nazaré?

— Jesus passou aqui sua juventude e se tornou adulto, ajudando seu pai numa pequena oficina de carpinteiro...

— Mas ele não nasceu aqui — interrompeu Hafid.

Sérgio empalideceu.

— Como sabe disso, se não é um seguidor?

— Porque estive com o menino Jesus pouco depois de seu nascimento, num estábulo de Belém.

Chocado pelo que havia ouvido, Sérgio levou as mãos à boca e esperou que Hafid continuasse.

— Eu era um jovem cameleiro na grande caravana de Pathros, mas havia passado três dias difíceis em Belém, tentando vender uma única túnica vermelha sem costura que Pathros me desafiara a vender para provar se eu podia ser promovido de cameleiro a vendedor. Na noite do terceiro dia, após fracassar centenas de vezes em vender a vestimenta, comi um pouco de pão na hospedaria e a seguir me dirigi aos fundos da construção, a uma caverna onde meu animal estava amarrado. Por causa da friagem que havia no ar, eu decidira dormir no feno, ao lado de meu querido jumento, em vez de cavalgar para as montanhas. Após uma boa noite de descanso, estaria preparado para no dia seguinte fazer um supremo esforço para vender a túnica, e estava certo de que finalmente teria sucesso. Mas quando entrei no estábulo dei com um jovem casal sentado perto de uma única vela, e a seus pés estava a manjedoura que normalmente continha a ração dos animais. Ali havia uma criança dormindo sobre um punhado de palha e constatei que o bebê tinha pouca proteção contra o frio, exceto pelos mantos gastos da mãe e do pai, que o cobriam.

— O que fez?

Hafid entrelaçou os dedos com força e inspirou profundamente.

— Afligi-me por vários momentos, imaginando todas as terríveis conseqüências de meu retorno à caravana sem a túnica ou as moedas que ganharia por sua venda. Finalmente, retirei-a do lombo de meu animal e a enrolei cuidadosamente ao redor do bebê, depois de devolver as vestimentas gastas aos chocados pais. Você sabe, Sérgio, isso foi há quase cinqüenta anos e ainda posso ver aquela adorável jovem mãe soluçando de gratidão ao se aproximar e beijar-me a face.

Hafid levantou-se e começou a andar para um lado e para outro, as mãos às costas, enquanto os três ouviam atentamente.

— Quando cavalguei de volta à caravana, era uma criança arrasada. Havia falhado em minha missão e naquele instante estava certo de que seria um limpador de estrume de camelo para sempre. A cabeça pendendo, totalmente derrotado, deixei mesmo de perceber o astro brilhante que me havia seguido por todo o caminho de volta de Belém ao local do acampamento, mas Pathros, meu amo, o notara. Estava esperando por mim, apesar da hora tardia, à margem de nossa fileira de tendas, apontando para o ceú brilhantemente iluminado e perguntando-me de que feito maravilhoso eu tomara parte. Disse-lhe que de nenhum. Entretanto, ele encarava a estrela brilhante como a um sinal especial de Deus e passou-me os dez pergaminhos do sucesso que usei, no decorrer de meus dias, para conquistar mais das coisas boas da vida do que qualquer pessoa merece. Além do mais, Pathros ordenou-me que não partilhasse os rolos com ninguém até o dia, disse ele, em que me fosse dado um sinal especial pela pessoa que seria a próxima a receber os pergaminhos, muito embora fosse possível que essa pessoa não tivesse consciência de estar me dando um sinal.

Sérgio sorriu.

— E a pessoa que finalmente recebeu os pergaminhos de você foi Paulo?

— Foi. Três anos após eu haver dispersado meu império comercial. Naquela ocasião havia quase perdido as esperanças de algum dia passá-los a quem quer que fosse.

— Como soube que era Paulo quem devia receber os pergaminhos? Qual foi o sinal especial?

— Em seu saco de viagem havia uma túnica vermelha sem costura que disse ter sido a favorita de Jesus, e que havia sido usada por ele durante toda a vida. Havia nela escuras manchas de sangue das chibatadas que Jesus sofrera antes de ter sido crucificado. Para minha perplexidade, encontrei junto à bainha da túnica a marca familiar da corporação que confeccionava essas populares túnicas para Pathros e também encontrei a marca de Pathros, um círculo dentro de um quadrado. Ainda incerto sobre o que tinha nas mãos, perguntei a Paulo se sabia das circunstâncias em que Jesus havia nascido e ele então contou que Jesus havia nascido num estábulo em Belém, e que acima do estábulo luzira a estrela mais brilhante que o homem já testemunhara. Então percebi que a túnica em poder de Paulo era exatamente a mesma em que eu envolvera o pequeno corpo de Jesus naquela noite profética. Aquilo era tudo do que eu precisava como sinal. Erasmo, que presenciou meu encontro com Paulo, subiu à torre de meu palácio, onde os pergaminhos do sucesso haviam sido guardados em segurança, e fizemos presente deles a Paulo, com nosso amor.

— A sabedoria contida naqueles pergaminhos deve ser muito convincente — disse Sérgio. — Meus representantes relatam que Paulo obteve grande sucesso conseguindo conversões nas cidades de Pisídia, Licaônia, Perga, Antioquia, Icônio, Listra e inúmeras outras.

— Não estou surpreso — replicou Hafid.

Sérgio esvaziou sua taça de vinho e perguntou:

— Onde terá lugar sua próxima palestra?

— Não há mais nenhuma programada no presente. Nós três retornaremos a Damasco amanhã e depois de alguns dias nos reuniremos e tentaremos avaliar essa experiência oratória como um todo, antes de decidirmos se há ou não um futuro para mim sobre a tribuna, tentando influir nas vidas das pessoas para melhor.

— Estaria disposto a permanecer em Nazaré por mais um dia se eu lhe desse uma razão suficientemente forte?

Hafid estudou o rosto enrugado de seu amigo por vários momentos antes de concordar com a cabeça.

O velho governador segurou as mãos de Hafid e disse:

— Grande vendedor, amanhã você irá encontrar mais uma vez a mulher que beijou a face do jovem cameleiro naquele estábulo, há tantos anos!

# Quatro

☆

Os dois velhos amigos encontraram-se na manhã seguinte junto ao único poço de Nazaré, localizado num espaço aberto ao lado da estrada principal, perto do centro da cidade. A poeira pairava no ar juntamente com gritos roucos, lamentos e risos, enquanto uma longa fila de mulheres e crianças esperava a vez de encher os jarros e cântaros no tanque aberto.

Hafid observou com grande interesse quando uma enorme caravana mercantil se deteve junto ao abastecimento de água e vários jovens cameleiros encheram e tornaram a encher grandes pipas de pedra muitas vezes até que seus animais sedentos se satisfizeram.

Sérgio cutucou o amigo.

— Era essa a sua tarefa antigamente, quando trabalhava nas caravanas de Pathros?

— Esse era um de meus deveres mais agradáveis

— sorriu Hafid enquanto os animais de forte odor passavam bamboleando pela estreita rua calçada de seixos.

Os dois homens esperaram pacientemente até que houve um espaço aberto junto ao tanque de pedras, antes de mergulharem as mãos na água fresca e beberem.

— Jesus e sua mãe vinham aqui diariamente — disse Sérgio com reverência.

Hafid sorriu com simpatia diante do tratamento devoto que seu velho amigo dispensava a um poço público comum e sujo, partilhado tanto por humanos como por animais.

— E ele caminhou por estes seixos, respirou este ar e brincou naqueles campos — replicou ele gracejando, mas Sérgio não retribuiu o sorriso.

— Sim — disse o governador suavemente. — Ele passou cerca de trinta anos de sua vida aqui, trabalhando na profissão do pai, com o serrote, o martelo e a plaina. Já comprei alguns móveis dos aldeões que dizem ter sido feitos pelas suas mãos. Quando regressar a Chipre farei preparar uma sala especial para eles no palácio.

Haviam quase alcançado o campo aberto quando Sérgio finalmente parou e apontou para uma casinha quadrada de calcário, quase escondida sob duas romãzeiras.

— Foi aí que Jesus viveu a maior parte de sua vida. Sua oficina de carpinteiro não é mais que um quartinho nos fundos.

— Talvez não devêssemos incomodar a velha senhora — disse Hafid enquanto Sérgio se apressava pela trilha coberta de mato, até que chegaram à porta dianteira, necessitando urgentemente de uma pintura.

O governador deu umas palmadinhas no braço de Hafid.

— Vai dar tudo certo. Na semana passada visitei Maria muitas vezes e nos tornamos bons amigos. De manhã cedo notifiquei-lhe, por um mensageiro, que iria trazê-lo hoje.

Hafid inspirou profundamente.

— Recordou-a de nosso encontro de muito tempo atrás, naquele estábulo de Belém?

— Oh, não, isso estragaria minha surpresa. Apenas enviei um recado dizendo que traria um velho amigo. Sua presença não irá perturbá-la. Ela contou-me que se acostumou a estranhos, a maioria deles bem-intencionados, que desejam ver e falar com a mãe de Jesus.

— Ela mora sozinha?

— Sim. É viúva há muitos anos e todos os seus filhos ou estão mortos ou vivendo em outra parte. Seu filho Tiago visita-a com freqüência, embora seus dias agora estejam muito ocupados, já que é o chefe de uma nova igreja em Jerusalém.

Sérgio batera apenas duas vezes antes que a porta se abrisse silenciosamente em suas velhas dobradiças de couro.

— Que a paz esteja convosco, querida senhora — disse Sérgio enquanto segurava suavemente a mão estendida da idosa mulher e a tocava suavemente com os lábios.

— E também contigo, Sérgio — disse ela, sorrindo calorosamente para Hafid quando este lhe foi apresentado.

Ela lhes serviu copos de leite de cabra e queijo, e colocou uma grande bandeja de romãs e figos ao alcance da mão, enquanto conversavam sobre muitas coisas concernentes à aldeia. Hafid ficou impressionado com os grandes olhos amendoados e o cabelo quase inteiramente negro de Maria, embora estivesse certo de que ela era ao menos dez anos mais velha que ele.

Mesmo sua voz escondia a idade.

— Falou a noite passada na hospedaria? — perguntou ela, inclinando a cabeça na direção de Hafid.

— Falei, mas receio que não tenha sido um grande sucesso.

— Como sabe?

— Houve pouca reação dos ouvintes. Se Sérgio não tivesse iniciado os aplausos, duvido que houvesse algum.

Maria sorriu levemente.

— Ao menos não ameaçaram sua vida. Jesus falou aqui em Nazaré apenas uma vez, na sinagoga, quando estava tentanto decidir que curso dar à sua vida, depois de quarenta dias de meditação que passou no deserto. Suas palavras, naquele sábado pela manhã, enfureceram tanto as pessoas que elas o agarraram e arrastaram ao rochedo mais alto, mas antes que pudessem atirá-lo às rochas, embaixo, ele conseguiu escapar.

— Isso eu não sabia — exclamou Sérgio. — Essas pessoas foram as mesmas que cresceram com ele, brincaram com ele e freqüentaram a escola com ele?

— As mesmas — disse Maria. — A maioria não conseguia entender por que seu amigo e vizinho, o carpinteiro, estava subitamente falando como se tivesse autoridade especial conferida por Deus. Para eles, isso era blasfêmia, o que sob nossa lei é punido com a morte.

— E aquela foi a sua primeira pregação pública?

— Foi... e por uma boa parte daquela manhã estive convencida de que seria a última.

Sérgio voltou-se para Hafid.

— Essas histórias precisam ser preservadas, mas ninguém, ao que eu saiba, chegou a escrevê-las até agora. Que pena.

O governador voltou sua atenção novamente para Maria, e Hafid observou, enlevado, como um dos mais poderosos funcionários do império romano se dirigia à velha senhora com uma ternura e um respeito que Hafid nunca testemunhara em Sérgio antes.

— Como Jesus lidou com essa apavorante recepção e tratamento?

— Afastou o assunto da mente e estava pregando, no sábado seguinte, na sinagoga de Cafarnaum, aqui perto. As pessoas ali receberam-no com amor e atenção. Mais tarde, quando falava sobre sua terrível experiência aqui, lembro-me de que apenas sorriu e disse que devia ter sabido que nenhum profeta recebe qualquer honra em sua própria terra.

Sérgio inclinou a cabeça para trás e fechou os olhos.

— Essas histórias devem se registradas, sem dúvida!

Hafid esperou até que Maria voltasse a encher seu copo com leite fresco. Então disse:

— Pelo pouco que sei a respeito de Jesus, entendo que nunca pregou fora da Palestina. Sendo sua mãe, deve ter tido muitas oportunidades de ouvir Jesus e sua mensagem.

Maria assentiu.

— No início, enquanto reunia seus seguidores e ensinava a seus apóstolos, ouvia-o com freqüência. Mas quando o Sinédrio e o governador romano começaram a enviar agentes para espionar as atividades e palavras de meu filho, ele insistiu em que eu voltasse e permanecesse aqui, longe do perigo. Mais de uma vez, sempre que ele e seus seguidores passavam por Nazaré, ficava sentado segurando minha mão e tentando preparar-me para o que estava por vir.

Maria mordeu o lábio inferior e voltou a cabeça para outro lado. Sérgio olhou para Hafid e anuiu. Agora era o momento. O governador inclinou-se para diante e colocou a mão suavemente sobre o ombro da mulher.

— Abençoada senhora, tenho algo especial a contar-lhe.

— Sim, Sérgio.

— Este velho amigo meu, Hafid, acompanhou-me até aqui hoje porque desejava muito revê-la.

— Novamente? — Maria franziu a testa e inclinou a cabeça para o lado. — Desde o momento em que ele entrou por aquela porta estava certa de que o conhecia, mas como nada foi dito, pensei que fosse meramente uma falha de minha idade. Encontramo-nos antes, grande vendedor?

— Apenas uma vez, há muitos anos, Maria.

A mãe de Jesus ajeitou o xale ao redor do pescoço e inclinou-se por sobre a mesa na direção de Hafid. Sem dizer palavra, ele se inclinou para ela, e as mãos de Maria ergueram-se até pousar em ambas as faces de Hafid. Ela correu os dedos pelo seu rosto e perguntou:

— Foi antes que essa linda barba lhe cobrisse o rosto?

— Muito antes disso.

O polegar direito de Maria acariciou a funda depressão do queixo de Hafid, enquanto olhava em seus olhos cinzentos que agora estavam úmidos. Subitamente voltou-se para Sérgio, a boca aberta, com as lágrimas correndo pelas faces enrugadas e as mãos ainda no rosto do grande vendedor.

— Eu o conheço — soluçou ela. — Senti algo especial em suas maneiras desde o momento em que passou por minha porta. Eu o conheço, Sérgio! Isto é outro milagre!

— E quem é ele? — Sérgio sorriu amorosamente.

Maria puxou o rosto de Hafid para mais perto e beijou-o suavemente na face.

— Ele é meu anjinho sobre um jumento. No estábulo úmido de Belém, apenas algumas horas depois do nascimento de Jesus, ele apareceu das sombras e embrulhou meu bebê numa quente túnica vermelha. Depois saiu para a noite e nunca tive a oportunidade de agradecer-lhe.

Hafid tocou-lhe a face e disse suavemente:

— Mas se me agradeceu! Beijou-me, como o fez agora, e minha vida mudou naquela noite.

— E agora talvez mude outra vez — disse ela, enquanto se levantava e se dirigia a um grande baú no canto mais distante do aposento. Removeu um saco de couro da caixa e, voltando à mesa, colocou o saco nos braços de Hafid.
— Isto é seu, precioso homem. Ele desejaria que o tivesse.

Enquanto Sérgio Paulo se ajoelhava silenciosamente ao lado da cadeira de seu amigo, Hafid retirou lentamente do saco a túnica vermelha que havia sido a favorita de Jesus. Reprimiu de novo as lágrimas enquanto acariciava suavemente o macio tecido vermelho.

— A última vez em que vi isto, estava em poder de Paulo. Ele me contou que após muito buscar em Jerusalém, descobriu o soldado romano que a ganhara num jogo de dados após... após a... crucificação.

Maria assentiu.

— Paulo devolveu-me a túnica há muitos anos. Havia manchas de sangue de um lado, das chicotadas que Jesus recebeu antes que o matassem, e eu não podia suportar olhá-las, de modo que a deixei de molho por muitas horas numa solução leve de lixívia.

Hafid continuou a acariciar a vestimenta.

— Que notável perícia artesanal! Olhem como a cor não desbotou e como a trama está esgarçada apenas de um lado depois de mais de cinqüenta anos! Impressionante!

— Jesus a usava em todas as ocasiões, de preferência diante de grandes multidões. Disse que depois de suas orações, sentir essa túnica sobre os ombros dava-lhe toda a confiança de que precisava para lidar com qualquer situação.

Talvez faça o mesmo por você. Não disse que houve pouca reação da multidão a suas palavras à noite passada?

Hafid dobrou a túnica e estendeu-a a Maria.

— Não posso aceitar essa vestimenta de valor inestimável. Ela deveria ficar exposta em algum importante lugar de veneração, para que todo mundo a visse, e certamente não cingindo meus ombros sem merecimento.

— Por favor — disse Maria, colocando a mão pequena sobre a de Hafid. — Leve-a... e use-a. Quando Jesus era criança eu freqüentemente lhe contava a história sobre como um outro menino o visitou, pouco depois que havia nascido, e o presenteou com esta túnica para aquecê-lo. Era a melhor maneira que eu conhecia de ensinar-lhe o verdadeiro significado do amor... quando uma pessoa dá tudo o que pode dar para ajudar outra, sem intenção de qualquer recompensa. Ele aprendeu bem essa lição, graças a você. Não pode acreditar, grande vendedor, que foi apenas a coincidência que o reuniu a esta túnica após todos esses anos. Faça feliz uma velha mulher e aceite-a. Tenho muitas outras coisas de meu filho para me fazerem companhia, assim como anos de adoráveis lembranças. Finalmente, a túnica foi devolvida a seu dono legítimo.

— Nunca irei esquecer este dia — soluçou Hafid, enquanto soerguia a vestimenta vermelha e a encostava suavemente de encontro às faces úmidas.

# Cinco

☆

Os dois homens estavam em silêncio, profundamente mergulhados em seus próprios pensamentos, após terem deixado a casa de Maria. Sérgio se deteve quando alcançaram a estrada principal, e voltou-se para o amigo.

— Estou infinitamente agradecido por sua companhia neste dia.

— Não diga mais nada — protestou o grande vendedor, erguendo o saco que continha a túnica de Jesus. — É o meu coração que transborda de gratidão.

— Está cansado?

Hafid sacudiu a cabeça.

— Está sendo esperado de volta em sua elegante carroça?

— Não. Disse a Erasmo que poderia demorar-me o dia todo. Ele e Galeno provavelmente estão ocupados fazendo sua contabilidade e saldando todas as nossas dívidas oriundas da palestra da noite passada.

Sérgio virou-se, apontando acima de sua cabeça para uma íngreme montanha que se erguia abruptamente além da beira da estrada à direita.

— Esta é a montanha mais alta em toda Nazaré, me disseram. Você vê a grande figueira bem lá no topo?

Usando as mãos, Hafid protegeu os olhos da luz dos sol.

— Sim.

— Acha que esse seu velho corpo é capaz de subir até lá, se eu der uma ajuda?

— A arrogância romana nunca desaparece de fato, não é? — murmurou Hafid. — Se você consegue subir, estou certo de que também posso fazê-lo... e sem qualquer ajuda. Mas por que desejaria vencer uma subida por entre campos de cardos e pedras soltas apenas para sentar-me sob uma miserável figueira sem cultivo, se tenho vários bosques delas, tanto da variedade precoce quanto da tardia, em Damasco?

Sérgio sorriu.

— Mas não como aquela, poderoso mercador. Ontem, após ter visitado Maria, ela acompanhou-me de volta ao poço e quando passamos por este lugar, olhou para aquela árvore solitária e disse-me que era para lá que Jesus se dirigia, desde menino, sempre que desejava ficar a sós. Veja, à nossa direita, a trilha estreita que leva ao topo. Eu teria subido ontem, mas o sol já estava se pondo quando me despedi de Maria, e além disso não queria perder sua palestra. Estaria disposto a subir ali comigo, agora? Acho que a vista bem merece o sacrifício de alcançar o topo.

— Vá na frente — bradou Hafid, içando o saco de couro ao ombro e partindo atrás de Sérgio. Ambos estavam transpirando e ofegando muito quando atingiram o topo, que se mostrava despido de vegetação exceto pela figueira solitária e pequenas veias de musgos que cobriam parcialmente as encostas de rocha cinzenta. Hafid encostou o saco ao tronco da árvore antes de baixar o corpo cansado sobre a superfície lisa da pedra, ao lado de Sérgio.

Aos seus pés, muito abaixo, estendia-se o povoado de Nazaré, com suas casas espalhadas de calcário branco, prados verdes e jardins castanho-escuros. Uma estrada estreita cortava a cidadezinha quase por igual, levando ao sul para Jerusalém e ao norte para Damasco. Hafid assentiu e sorriu quando Sérgio apontou para a aglomeração de pequenas figuras ainda se movimentando ao redor do poço.

A oeste ficava o monte Carmelo e além deste podiam ver a névoa elevando-se por sobre as águas do Mediterrâneo. Os dois homens giraram lentamente, boquiabertos de admiração, enquanto contemplavam a vasta planície de Esdraelon, o monte Tabor, as colinas escuras da Samaria e as brumosas montanhas de Gileade. O mar da Galiléia cintilava fortemente ao leste e longe, ao sul, o vale verde do Jordão parecia mudar de cor diante dos olhos de ambos. Uma leve brisa fazia farfalharem ruidosamente as grandes folhas da antiga figueira acima deles enquanto muito longe, no céu de azul-cobalto sem nenhuma nuvem, uma águia solitária descrevia círculos lentos, as asas inteiramente abertas, mas imóveis.

Hafid foi o primeiro a quebrar o estranho silêncio da montanha, mas suas palavras foram pronunciadas tão lentamente que era quase como se estivesse em transe.

— Em tantos anos quantos vivi, estou seguro de que nunca antes estive em tal elevação, com tanto do mundo a meus pés. É fácil compreender por que Jesus vinha para cá com freqüência. As preocupações e os problemas ficam todos para trás, lá embaixo — disse, fazendo um gesto em direção ao povoado —, e se existe um Deus, imagino que seria muito mais fácil comunicar-se com ele destas alturas.

Sérgio apontou bem para o norte, na direção da imponente crista nevada do monte Hermon, distante cerca de dois dias de viagem e ainda assim dominando o horizonte.

— Uma vez, Deus falou a Jesus, naquela alta montanha.

— O monte Hermon? Tem provas disso?

— Três de seus apóstolos mais chegados foram testemunhas.

— E o que disse Deus?

— Este é o meu filho amado; ouçam-no.

— Só isso?

— Só isso — concluiu Sérgio, sorrindo.

— E acredita em tal relato de seus três amigos mais chegados?

— O suficiente para eu ter mandado construir uma

casinha naquela montanha, o mais perto possível do lugar onde os três relataram ter ouvido a voz de Deus. Mantenho o lugar bem suprido de alimentos, tenho um caseiro residente o ano inteiro e tento passar ali ao menos uma quinzena a cada verão. Muitas vezes estive tentado a convidá-lo para vir partilhar comigo aquela paz e tranqüilidade especial, mas sabia que estava em reclusão desde a perda de Lisha, c não queria perturbá-lo. Agora ficaria extremamente honrado se aceitasse meu convite de visitar aquele lugar. Traga Erasmo. Permaneça naquele retiro abençoado por quanto tempo desejar, por favor. Antes de nos despedirmos, irei desenhar um mapa, de modo que possa localizar facilmente meu refúgio. Fica a menos de um dia de viagem de seu palácio em Damasco.

— E Deus lhe falou também, naquele lugar elevado?

— Não, mas normalmente falo a ele durante toda a minha estada.

Hafid suspirou e balançou a cabeça, elevando o saco de couro que continha a túnica de Jesus bem acima da cabeça.

— Com a sua fé fervorosa e inabalável, Sérgio, esta túnica deveria estar em seu poder, não no meu.

— Oh, não — replicou Sérgio, levantando as mãos. — A mãe de Jesus sabia exatamente o que estava fazendo. A túnica está em boas mãos. É a vontade de Deus.

Hafid levantou-se e ficou parado com as mãos nos quadris, olhando para o monte Hermon.

— Se Deus falasse a mim, Sérgio, o que acredita que

poderia dizer a respeito dessa nova carreira que iniciei, talvez tolamente, com esta idade?

Sérgio entrelaçou os dedos das mãos, fechou os olhos e inclinou a cabeça. Vários momentos depois, levantou o olhar para Hafid e, quando falou, sua voz tinha uma ressonância mais profunda que de costume.

— Eu nunca presumiria falar por Deus, grande vendedor, mas imagino que ele inicialmente iria parabenizá-lo por sua decisão de afastar-se do sofrimento. Devotar o restante de seus dias a ajudar os outros, através de seu sábio conselho e criteriosas lições sobre o sucesso, é muito louvável, entretanto...

Hafid voltou-se e olhou para o amigo, aguardando.

— ... entretanto, se sua palestra da noite passada foi a sua apresentação costumeira, mesmo excelente como esteve, creio que necessita de algo mais. Muitos dos que vêm ouvi-lo conhecem sua reputação e riqueza e, embora possam ficar impressionados por sua presença e eloqüência, há uma forte possibilidade de que estejam ouvindo suas palavras com a mente fechada... uma mente que lhes diz que jamais poderiam realizar o que você realizou. Como abrir suas mentes? Pode simplesmente deixá-los conscientes de seu passado humilde, das lutas de sua juventude e das desvantagens superadas para transformar seus sonhos em realidade.

— E como poderei conseguir?

— Usando as mais fortes das palavras para pintar nas mentes deles cenas das quais nunca se esquecerão. Faça com que sintam o cheiro do estrume de camelo que você tinha de remover, faça com que vejam suas lágrimas de mágoa, que se aflijam sobre os fracassos que sofreu enquanto lutava para construir uma vida melhor. Faça com que saiam da palestra pensando: "Se Hafid foi capaz de realizar tanto, com seu início modesto, então por que eu, tendo tanto a mais, estou me sentindo infeliz por minha condição na vida?" Como duvido que algum dia fale de suas antigas inquietações e lutas em suas apresentações, Hafid, acredito que provavelmente apareça aos olhos da platéia como alguma pessoa da realeza, que nasceu em berço de ouro e sempre desfrutou de grande riqueza e sucesso. Como pode um pequeno mercador ou agricultor, que precisa lutar todos os dias meramente para colocar comida sobre a mesa da família, aceitar sua mensagem como um guia para mudar sua vida para melhor se não percebe que você enfrentou os mesmos apuros com que ele se defronta e se saiu vitorioso?

— Esse é um excelente conselho, Sérgio, e irei segui-lo. Alguma coisa mais?

Sérgio abriu a boca, mas baixou os olhos e permaneceu em silêncio.

— Por favor — encorajou Hafid. — Somos íntimos como irmãos. Diga o que tem em mente. Ajude-me.

— Ainda há muito ouro em seus cofres?

— Mais do que Erasmo e eu iremos um dia precisar. Mesmo agora estamos dando de comer e vestindo multidões diariamente em Damasco.

— Como eu esperava. Hafid, há um dito que é tão antigo que sua origem se perde na antiguidade. "Dê a um homem um peixe e estará alimentando-o por um dia. Ensine-o a pescar e estará alimentando-o por toda a vida."

Hafid deixou-se cair de joelhos junto a Sérgio e segurou-lhe o braço.

— Não estou certo de compreender como essas palavras de sabedoria se relacionam a mim.

— Como todos os outros oradores, você está cobrando ingresso para as suas palestras, e assim aqueles que mais necessitam de sua mensagem não a ouvem porque são pobres demais para comparecer. São as mesmas pessoas que você agora alimenta e veste. Mude seu procedimento. Contrate seu promotor, Galeno, por um salário semanal em vez de comissão e envie-o para o mundo com fundos suficientes para que possa alugar para você o fórum mais amplo possível em cada cidade. Instrua-o também a recrutar e pagar bem a tantos cidadãos locais quantos indicar sua experiência para espalhar a notícia de onde o maior vendedor do mundo irá falar, em que horário, e anunciar que o ingresso é grátis!

— Grátis? Haverá muitos que comparecerão apenas para ser entretidos ou passar as horas do dia sem qualquer intenção de aprender como melhorar a sua posição na vida.

— Você está correto, sem dúvida. Muitos homens inteligentes insistem em que, a não ser que se pague ou trabalhe duro por algo, as coisas não têm o justo valor.

Entretanto, apesar de existir em seus auditórios aqueles com os quais suas palavras provavelmente serão desperdiçadas, apenas imagine que bom seria para você se soubesse que havia na multidão ao menos um pobre cameleiro ou garoto de rua cuja vida poderia começar a tomar um caminho ascendente por causa de suas palavras. Sei do quanto deseja mudar o mundo para melhor, meu amigo, mas precisa se lembrar de uma coisa... uma simples verdade.

— Que verdade?

— O que você deseja só pode ser realizado mudando uma pessoa de cada vez.

Hafid inclinou-se para diante e abraçou seu querido amigo.

— Obrigado. Se Deus tivesse falado, não poderia ter dito melhor.

# Seis

☆

A Caravana do Sucesso, com este nome audaciosamente pintado em letras vermelhas e douradas em todas as suas doze carroças de bagagem, em latim, grego e hebraico, estava acampada num campo aberto perto do coração de Roma. No interior da maior entre muitas tendas que rodeavam as carroças, Hafid ergueu sua taça de vinho em direção às taças de Erasmo e Galeno.

— À maior de nossas vitórias — anunciou, orgulhosamente.

— Foi, com efeito, uma noite para guardar na lembrança — suspirou Erasmo.

Iluminado por mais de duzentas tochas a óleo instaladas ao redor do palco elevado e ao longo da platéia do magnífico teatro de Pompéia que Augusto havia reconstruído depois, Hafid pronunciara suas palavras de inspiração para uma multidão recorde de mais de dezoito mil entusiásticos cidadãos de Roma, mais cedo naquela noite. Agarrando a esgarçada túnica vermelha de Jesus, que usara em todas as palestras desde sua visita a Nazaré, muito tempo atrás, Hafid recebera jubilosamente a ruidosa ovação que se ouviu por quase uma hora após os seus comentários finais.

O grande vendedor bebeu de seu vinho e disse:

— Galeno, ficar-lhe-ei eternamente agradecido por convencer-me a dar essas palestras à noite e não ao meio-dia, como fazem todos os outros. Aqueles que mais tentamos alcançar, os trabalhadores menos ricos e os pequenos mercadores da cidade, não teriam possibilidade de comparecer em qualquer outro horário. Muitos foram ouvidos e disseram que nunca antes, em suas vidas inteiras, haviam tido a oportunidade de ouvir um orador.

— Esteve magnífico esta noite, senhor — replicou Galeno —, e parecia dominar o idioma como um nativo.

— Obrigado. A única coisa que lamento é Sérgio Paulo não ter podido comparecer. Agora que se afastou de suas funções e regressou cá para Roma, eu esperava tê-lo conosco nesta noite triunfal; entretanto, rezo para que se restabeleça de sua enfermidade. Irei despachar uma mensagem notificando-o de nosso grande sucesso e sei que ficará muito satisfeito. Não fosse por seu sábio conselho, há mais de quinze anos, não estaríamos aqui esta noite e eu provavelmente teria me juntado à minha amada Lisha, há muito, no lugar de nosso descanso final.

Galeno concordou.

— Ainda posso me lembrar de nossos primeiros dias,

com uma única carroça. Agora nossa caravana cresceu quase até o tamanho das que empregava em seus anos de comércio mais intenso. Além de nossas carroças, temos dezesseis camelos com seus condutores, mais oito guardas armados com suas montarias, dois cozinheiros, uma dúzia de ajudantes e mais de quarenta cavalos para viajarmos apropriadamente de cidade a cidade. Isso para não mencionar a frota de dez navios que foi necessário fretar para transportar-nos a todos, nosso equipamento e nossos animais, desde nosso compromisso prévio em Atenas. Percorremos o mundo, senhor, levando sua mensagem, gratuitamente, às pessoas comuns de Alexandria, Mênfis, Jerusalém, Babilônia, Bagdá, Nínive, Aleppo, Edessa, Antioquia, Éfeso, Esmirna, Esparta, Atenas, centenas de cidades menores e agora à capital do mundo, Roma. E quando ouço como o povo reage às suas palavras sei que está sensibilizando milhares de vidas.

Erasmo comentou:

— Realmente, não parecem ter-se passado quinze anos desde aquele encontro casual entre o amo e Sérgio Paulo, em Nazaré.

— Não acredito ter sido um encontro casual — disse Hafid. — Para mim, foi simplesmente mais um exemplo de Deus jogando xadrez comigo, como tem feito com tanta freqüência em minha vida. Estou convencido de que ocasionalmente ele intercede nas vidas de todos nós e faz com que as coisas aconteçam. Então espera para ver como reagimos a seu movimento. Alguns reagem de um modo que irá enriquecer seu futuro. Outros podem revidar com raiva e desespero. E por fim há aqueles que não agem de modo algum. Esses são os sofredores, e temos muitos deles entre nós, que passam os dias lamentando e se queixando, e nunca fazendo qualquer tentativa de mudar suas vidas para melhor. É por isso que dedico parte tão grande de minha palestra a ensinar aos pobres e oprimidos, aos fracos e aos deficientes, como lidar com qualquer movimento com que se defrontem, sempre lembrando a esses membros da humanidade que estão se debatendo que, embora Deus nos desafie, Ele quer que todos nós sejamos vitoriosos. Estou tentando ensinar-lhes como vencer e nada é mais gratificante para mim que voltar a uma cidade, anos depois, e ouvir as histórias de sucesso que começaram quando alguém ouviu minhas palavras e as levou a sério.

— E agora — disse Erasmo, hesitante —, somos estranhos em solo romano, onde o imperador realmente acredita ser um deus que controla as vidas de todos os seus súditos a partir de seu palácio de ouro. Podemos estar certos de que havia espiões em nosso auditório esta noite, procurando descobrir se havia algum perigo de as palavras de Hafid incitarem as massas, que é exatamente do que foram acusados os seguidores de Jesus, com suas canções sobre um reino por vir e um reino interior. Nero culpou-os até mesmo por darem início à grande conflagração do ano passado, e aqueles que não foram presos e executados na arena ainda estão se escondendo nas catacumbas sob a cidade. Sua fé, receio, teve um preço terrível.

— Eu me pergunto — disse Hafid, sorrindo — como Nero iria reagir se soubesse que a túnica que uso durante minhas palestras pertenceu a Jesus.

— Por favor, senhor — implorou Erasmo com brandura —, permita que isto seja um pequeno segredo entre nós.

A sentinela que montava guarda do lado de fora da grande tenda inclinou-se pela abertura e anunciou que Hafid tinha um visitante.

— Convide-o a entrar! — bradou Hafid, enquanto tornava a encher as taças de vinho.

O visitante usava uma túnica azul-escura, amarrada à cintura com um cordão, e que se estendia até o chão. Seu longo cabelo castanho era entremeado de fios brancos e o rosto bronzeado era marcado de profundas rugas. Quando falou, sua voz soou amigável e forte.

— A graça esteja convosco, e a paz. Meu nome é Lucas e venho com uma mensagem para o maior vendedor do mundo, de parte de seu velho amigo, Paulo de Tarso.

Hafid levantou-se de um salto.

— Paulo está aqui, aqui em Roma?

— É prisioneiro no pretório, aguardando julgamento.

— Isso não pode ser — protestou Hafid. — Sua carta mais recente continha a boa notícia de que finalmente havia sido libertado por falta de provas, depois de ter sofrido nas correntes por quatro anos, em Cesaréia e Roma.

— Ele foi preso novamente, e desta vez alegam ter testemunhas que irão declarar que Paulo foi ouvido proclamando que Jesus é rei. Sob a lei romana, reconhecer qualquer outra autoridade além de César é um crime punido com a morte.

— Há algo que eu possa fazer? — perguntou Hafid. — Diga-me, por favor.

— Desde sua prisão, esta vez, Paulo parece ter perdido a vontade de viver. A maioria de seus amigos e seguidores o abandonou e ele apenas fica sentado em sua cela, falando pouco e comendo apenas migalhas de pão seco. Estive temeroso por sua saúde até esta manhã, quando lhe contei que havia flâmulas ao vento ao longo da Via Ápia proclamando sua apresentação no teatro de Pompéia. Apenas após ter ouvido seu nome, senhor, foi que começou a agir como o homem que servi por tanto tempo. Ele lhe envia seu amor, ilustre vendedor, deseja-lhe boas-vindas a Roma e implora que o visite na prisão. Uma vez que não temos informação sobre quando Paulo será julgado, tenho esperança de que vá vê-lo logo.

— Quando quiser — disse Hafid sem hesitação. — Quando pode levar-me?

— Não existem dias ou noites nas escuras celas daquele lugar odiado. Tenho a confiança dos oficiais de lá. Podemos ir mesmo agora, se não estiver muito cansado.

Erasmo franziu o cenho para Lucas.

— O amo esquece com muita freqüência que tem quase 75 anos. Sua apresentação, esta noite, consumiu muito de sua energia e ele deveria estar na cama.

— Não — disse Hafid. — Nunca estarei cansado demais quando aquele homem de Deus estiver me chamando. Leve-me agora, Lucas.

Quando estavam de partida, Hafid deteve-se diante de seu armário de roupas, junto ao mastro central. Estendendo a mão, apanhou a túnica de Jesus, atirando-a sobre os ombros ao sair.

— Talvez ver novamente esta vestimenta especial e abençoada — explicou a Lucas —, eleve a disposição de Paulo, como sempre faz com a minha.

A prisão cinzenta e sombria na colina do Capitólio, perto do palácio de Nero, servia para alojar apenas prisioneiros que haviam cometido graves crimes contra o Estado. Era guardada por uma coorte especial de legionários veteranos, sob o comando do prefeito de toda coorte pretoriana. Ninguém jamais havia escapado de suas celas. Lucas foi reconhecido pelo oficial na entrada do pavimento principal e, após uma breve espera, ele e Hafid foram conduzidos para baixo, por um íngreme lanço de degraus de pedra. O chão de ardósia estava molhado e havia um frio úmido no ar enquanto os dois seguiam o alto guarda ao longo de um corredor infestado de ratos, até que este parou diante de uma cela e girou sua chave na fechadura.

— Será necessário trancá-los juntamente com o prisioneiro — disse ele —, mas não se preocupem. Quando estiverem preparados para partir, simplesmente chamem e eu virei.

Manteve a porta aberta até os dois entrarem na cela mal iluminada. Então, deixou que batesse e o estrépito das barras de ferro reverberou pelo pavimento inferior.

— Lucas — chamou uma voz rouca vinda do canto mais escuro. — Lucas, é você?

— Sim, Paulo, e veja... trouxe um amigo!

Os olhos do grande vendedor se acostumavam gradualmente ao obscuro interior da pequena cela e ainda assim sentiu mãos em seus braços antes de ver o rosto de Paulo.

— Hafid — soluçou o homenzinho —, é você? É você mesmo? Meu grande amigo e benfeitor! Aquele que salvou minha vida presenteando-me com os pergaminhos do sucesso, há tanto tempo, que me possibilitaram vender a mensagem de meu senhor ao mundo! Tantas vezes desejei visitá-lo, em Damasco, mas meus amigos sempre me preveniam de que se encontrava recluso e não recebia ninguém. No entanto, nunca consegui transmitir em minhas cartas o grande débito que tenho para com você. Lamento tanto encontrá-lo nestas condições, mas dou graças a Deus por ter vindo. Os anos, tenho a satisfação de notar, foram gentis contigo.

Agora Hafid podia ver o rosto emaciado de Paulo, dominado por dois grandes olhos sob pesadas sobrancelhas e uma ampla testa com cicatrizes. Seu cabelo, opaco e despenteado, caía frouxamente sobre as faces emaciadas e a tanga em farrapos oferecia escassa proteção contra o frio. Paulo agarrou-se a Hafid como o faria uma criança assustada a seu pai. Finalmente, Lucas apontou para uma pequena mesa sem pintura.

— Venham — disse. — Vamos sentar e conversar.

Paulo não precisou de mais estímulo. Em resposta a apenas algumas perguntas de seus dois visitantes, falou longamente sobre sua visão de há muito tempo antes, na estrada de Damasco, e como sua vida havia mudado para sempre. Recordou sua visita a Hafid e o presente dos pergaminhos, suas muitas viagens às grandes cidades do mundo, seus aprisionamentos anteriores, seu naufrágio quase fatal na ilha de Malta e a constante batalha para espalhar sua mensagem ao povo além das fronteiras da Palestina, com apenas uns poucos ajudantes e escassos fundos. Sua voz cresceu em força enquanto continuava a falar, mas finalmente se calou e sorriu timidamente, percebendo de súbito o quanto havia dominado a conversa.

— Desculpem-me, caros amigos. Estive aqui sozinho por tempo demais. Qualquer bom pregador, diante de um auditório de qualquer tamanho, irá adiante sem parar, de qualquer modo; não é verdade, grande vendedor?

Hafid sorriu e encolheu os ombros.

— Eu não saberia dizê-lo, uma vez que não sou um pregador.

— Oh! — exclamou Paulo, voltando-se para Lucas. — Ouça este homem! Hafid, quer tenha consciência disso ou não, você e eu estamos na mesma área. Estamos ambos lutando para resgatar pessoas, homens e mulheres, do inferno. O inferno do qual está tentando salvá-los é aqui... e agora. O inferno contra o qual quero protegê-los é amanhã... e para sempre. Ambos estamos lutando para convencer aqueles que quiserem ouvir que viver no céu aqui, e no céu para a eternidade, requer as mesmas virtudes de amor, zelo, caridade e trabalho árduo. Nunca o ouvi proferindo sua famosa palestra, senhor, mas meus amigos me informaram que os princípios do bem viver que proclama poderiam com a mesma facilidade ser apresentados por Moisés, Salomão ou Isaías... ou Jesus. Suas palavras, contaram-me, parecem brotar de sua alma com grande poder, e influenciam as mentes e os corações de todos que o ouvem. Esse é um grande dom, Hafid. Apenas lamento que não esteja em nosso campo. — Paulo acariciou a túnica vermelha sobre os ombros de Hafid. — Mas na verdade — sorriu —, talvez esteja sem sequer percebê-lo.

As pernas de Hafid estavam ficando entorpecidas pelo frio. Ele se levantou e começou a andar de um lado para outro na pequena cela.

— Os pergaminhos que passei às suas mãos, há tanto tempo, o que é feito deles?

— Todas as minhas coisas se perderam naquele naufrágio do ano passado. Havia conseguido manter os pergaminhos junto a mim por quase trinta anos, mesmo nas prisões; entretanto, o oceano finalmente os reclamou. Todos os dez, entretanto, fazem parte de mim tanto como meus olhos ou minhas mãos. Posso recordar e recitar cada pergaminho, palavra por palavra, e perdi a conta de quantas vezes eles salvaram minha vida guiando-me pelo caminho correto a cada dia.

Hafid se encolheu e fechou os olhos, oscilando para trás sobre os calcanhares, como se tivesse sido atingido. Voltou as costas a seus dois amigos e descansou pesadamente a cabeça de encontro às barras de ferro. Afinal disse, mansamente:

— Aqueles preciosos rolos de couro estavam tão carregados de poder e vida que de certa forma sempre considerei garantido que fossem imperecíveis. Ainda assim, se sobreviveram até o ano passado, tinham já mais de cem anos de existência pelos meus cálculos. Diga-me, Paulo, se partilhou a sabedoria dos pergaminhos em todas as oportunidades, como instruí, de modo que outros pudessem ser ressuscitados de uma morte em vida para desfrutarem de uma vida nova, plena de felicidade, realização e amor?

— Em toda parte para onde minhas viagens me levaram, grande vendedor, exatamente como lhe prometi. Sempre que conseguia converter mais um costumava ensinar-lhe também os princípios dos pergaminhos, de modo que ele ou ela pudesse estar mais bem equipado para levar adiante e vender a verdade a outros mais. Durante os últimos dez anos, especialmente, foram feitas centenas, talvez milhares de cópias, tanto em papiro como em couro, e postas em circulação em todo o mundo... de Jerusalém a Roma.

Hafid estendeu as mãos e acariciou o cabelo emaranhado de Paulo.

— Você viajou muito além da milha extra, grande mensageiro. Ao invés desta vil moradia de roedores, a humanidade deveria estar-lhe prestando homenagens num palácio de ouro e prata. Estou triste e sinto-me extremamente impotente. O que lhe estará reservado?

Paulo cruzou os braços sobre o magro peito nu. Sua voz estava calma.

— A hora de minha partida final, receio, está próxima. Estou pronto. Lutei por uma boa causa e acredito ter completado minha trajetória. Lucas tem sido um fiel companheiro e aliado por muitos anos e finalmente consegui convencê-lo a transcrever em pergaminho o que aprendeu de mim. Ele quase completou essa longa tarefa após muitos meses e agora tenho esperanças de que minha mensagem poderá sobreviver a mim. E quanto à você, Hafid, será que seus princípios do sucesso, seus valiosos pensamentos, foram registrados para que as gerações vindouras possam continuar a beneficiar-se da essência de sua grande palestra?

— Não, até agora não.

— Deve fazer isso... e logo. Não sabemos da hora ou dia em que Deus nos convocará para nos juntarmos a ele, e seria uma grande perda para o mundo se os seus segredos de realização e sucesso fossem sepultados com você. Prometa-me que cuidará disso sem demora.

Hafid forçou um sorriso e deu uma palmadinha na face encovada de Paulo.

— Prometo.

Paulo assentiu.

— E quando o fizer, por favor, leve em conta usar a mesma forma daqueles dez pergaminhos originais que tiveram tão grande influência nas nossas vidas. Duvido que tenha existido uma técnica mais poderosa para treinar qualquer pessoa a ser bem-sucedida que o sistema utilizado naqueles rolos. Combinar aquele método, mais uma vez, com o seu grande conhecimento irá produzir resultados que com certeza irão operar milagres em muitas vidas. E não espera, eu lhe imploro!

O carcereiro encontrava-se agora do lado de fora da porta da cela. Era tempo de partir. Paulo abraçou primeiro Lucas, e então se aproximou de Hafid, que envolveu o corpo frágil e seminu do apóstolo em seus braços.

— Que o Senhor o preserve para o seu reino celestial — disse Paulo, inspirando profundamente. — Grande vendedor, agradeço a Deus, a quem sirvo, por tê-lo tornado parte de minha vida.

Paulo recuou quando a porta da cela se abriu e Lucas saiu para o corredor. O carcereiro esperou com impaciência quando Hafid se deteve no umbral e se voltou, removendo rapidamente a túnica vermelha com a qual envolveu então os magros ombros do apóstolo enregelado.

— Fique aquecido, querido amigo — disse Hafid. — Eu te amo.

— Eu te amo também. Para sempre!

# Sete

☆

Erasmo caiu para trás, como se atingido por um raio.

— Não estou convencido de que meus velhos ouvidos escutaram corretamente, amo.

A voz de Hafid deixava transparecer seu cansaço.

— Disse que estava terrivelmente frio naquela terrível masmorra, à noite passada, e Paulo tinha pouca coisa que vestir, de modo que lhe dei minha túnica.

— Mas proferiu pelos menos oitocentas palestras, por todos esses anos, com aquela vestimenta antiga e gasta de Jesus a cobri-lo. Muitas vezes o ouvi dizer que senti-la em seus ombros elevava-lhe o espírito e o enchia de confiança. Como irá atuar sem ela, caso não seja devolvida a tempo de sua próxima palestra?

— Hafid fechou os olhos e disse:

— Tenho pouca esperança de ver a túnica novamente, uma vez que temo que os dias de Paulo estejam contados.

Mesmo ele, que passou a vida desafiando grandes pendências, admitiu que o fim está próximo. Deixamos que a túnica conforte nosso corajoso pequeno amigo em seus dias finais.

— Mas pode apresentar-se sem ela? — perguntou Galeno ansiosamente.

— Não será necessário. Sei que tanto você como Erasmo fizeram planos de prosseguirmos para o norte, para Pisa e Gênova, e possivelmente para a Gália, e imploro-lhes o perdão por esta decisão súbita; entretanto, minha carreira de orador terminou. A noite passada foi a minha última atuação sobre a tribuna.

Erasmo se aproximou e olhou diretamente nos olhos de Hafid.

— Está doente, meu amo? Devo providenciar um médico?

— Você já se esqueceu de que à noite passada estive em companhia de Lucas, um sábio e experimentado homem da medicina? Não, Erasmo, estou em boa saúde. Entretanto, fui incapaz de dormir, na noite passada, após retornar daquela prisão. As palavras de despedida de Paulo pesaram intensamente sobre minha mente e meu coração, de modo que decidi seguir seu sábio conselho enquanto ainda tenho minha boa saúde.

— Não compreendo, senhor.

— Iremos jantar com Sérgio Paulo e sua esposa em sua *villa*, esta noite, não é mesmo?

— Sim. Um convite para nós três foi entregue depois que partiu com Lucas para a prisão, à noite passada.

— Então lhes imploro, por favor, que sejam pacientes por mais umas poucas horas, e irei tornar meus planos para o futuro conhecidos de todos, durante o jantar.

A *villa* do governador aposentado, aninhada no sopé das colinas a oeste do Tibre, não era tão grande como o palácio de Chipre, mas continha um espaçoso salão de jantar que já se havia tornado um favorito da aristocracia de Roma. Suas paredes eram incrustadas de madrepérola, enquanto o forro coberto de seda continha centenas de aberturas nas quais eram inseridas todos os dias flores recém-colhidas. Estátuas de mármore de todos os césares montavam guarda ao redor do aposento e em seu centro havia uma imensa mesa circular de bronze incrustada de marfim e ouro.

Havia apenas quatro convidados para o jantar, reunidos de um lado da imensa mesa, dois de cada lado de Sérgio Paulo e sua mulher de quarenta anos, Cornélia, que sorriu muito mas falou pouco durante a refeição. Juntamente com Hafid, Erasmo e Galeno estava o celebrado poeta, ensaísta, promotor e orador, Sêneca, que outrora fora tutor de Nero, cônsul e virtual primeiro-ministro por muitos anos, antes de retirar-se à sua propriedade próxima, há apenas quatro anos. Havia comido pouco da comida servida à mesa e quando Hafid compadeceu-se por sua dificuldade em respirar, replicou que sofrera de asma por muitos anos e agora tudo o que fazia era praticar como morrer ingerindo os últimos bocados a cada vez que inalava.

Hafid disse:

– Li muitos de teus trabalhos, senhor, e estou honrado por encontrar-me contigo na mesma sala.

As faces pálidas de Sêneca enrubesceram.

— Isso é muito gentil, poderoso vendedor, entretanto sou eu que estou infinitamente grato ao governador por proporcionar-me a oportunidade de conhecê-lo. Admirei suas realizações por décadas, inicialmente no comércio e agora em oratória, e nunca sonhei que nossos caminhos se cruzassem. Ter atingido o próprio pináculo do sucesso em duas profissões não relacionadas, como fez, é um feito raro e o saúdo. À noite passada assisti à sua inspiradora palestra e ouvi sua mensagem com grande interesse. Concordo com sua filosofia quanto ao melhor modo de lidar com esta vida.

— Obrigado.

Sêneca levantou a mão e anuiu.

— Acima de tudo, aplaudo sua grande honestidade quando iniciou a palestra admitindo quanto ainda tinha a aprender sobre nosso mundo por ser apenas um pequeno fragmento neste universo infinito. Muitos pretensos sábios, envaidecidos por um falso senso de valor, nunca admitem que todos nós somos apenas momentos fugidios da eternidade. Vindo de um homem de sua envergadura, essa foi uma confissão incomum.

— Estava apenas sendo honesto — replicou Hafid. — Diga-me, é verdade que não está mais envolvido com os assuntos de Roma, de maneira alguma?

Sêneca deu uma risadinha.

— Lutei por muitos anos para converter um monstro num ser humano, e obviamente falhei. Há alguns anos, transferi a maior parte de minha riqueza para Nero em troca da permissão de deixar o governo. Agora passo meus dias em tranqüila contemplação e também registrando o máximo que posso de meus pensamentos e conclusões em pergaminho, antes que nosso imperador louco decida que mesmo eu, em meus anos senis, seja uma ameaça para ele e deva morrer.

Hafid ergueu sua taça de vinho.

— Ainda temos muito a aprender com você. Que possa viver por outros cinqüenta anos.

— E como é com você, Hafid? — perguntou Sêneca após ter bebido de seu vinho. — Não é verdade que deve muito de seu grande sucesso à sabedoria que aprendeu em dez pergaminhos especiais que foram um presente quando ainda era jovem? Está fazendo arranjos para passar adiante seu legado, transcrevendo seus sábios princípios do sucesso e bem-viver em pergaminhos, para as crianças do amanhã? Embora a espada de Nero não esteja pendendo sobre a sua cabeça, como ocorre comigo, deve dar-se conta que você também está se aproximando daquele dia fatídico em que irá inspirar o último alento de ar precioso.

Antes que Hafid pudesse replicar, Lucas irrompeu no salão, seguido de dois criados que correram até seu amo desculpando-se pela intrusão. A respiração do velho médico saía em ruidosos arrancos, como se tivesse corrido por uma longa distância. Uma intensa transpiração cobria seu rosto.

— Por favor, desculpem-me empanar esta reunião alegre e tranqüila — disse ele entre duas respirações —, mas lamento ser o portador de notícias tristes que achei que todos aqui desejariam conhecer o mais rápido possível.

— Caro Lucas, está parecendo exausto — disse Sérgio preocupadamente. — Venha, sente-se aqui e reúna seus pensamentos. Uma taça de vinho?

— Não — protestou Lucas, lutando para conter as lágrimas. — Por favor, deixe-me continuar em pé! Acabo de vir da prisão. Lá fui informado de que Paulo foi julgado esta manhã e considerado culpado de traição contra Roma.

Lucas baixou a cabeça.

— Foi condenado à morte e levado imediatamente a uma pequena área de terreno público, perto da Via Óstia, e decapitado. Não havia — soluçou — testemunhas nem amigos presentes. As autoridades apresentaram-me seus restos mortais, num saco, quando cheguei à noite e, embora o sol se tivesse posto, enterrei nosso amigo no jardim de um discípulo que mora perto do pretório.

— E quanto à túnica vermelha que estava usando? — perguntou Erasmo, arrependendo-se imediatamente de suas palavras ao ver Hafid dardejando-o com o olhar.

Lucas enxugou as lágrimas.

— Apenas seus... seus restos mortais estavam no saco. Em meu desespero, nem cheguei a pensar em perguntar sobre a túnica. Receio que esteja perdida.

Hafid levantou-se e pôs o braço suavemente sobre os ombros de Lucas. Suas palavras foram dirigidas a todos.

— Vamos rezar por ele muitas vezes, naturalmente, mas jamais derramemos lágrimas de pesar por nosso amado Paulo. Onde ele se encontra, esta noite, não trocaria de lugar com nenhum de nós.

— Fico impressionado, constantemente impressionado — disse Sêneca — pela coragem com que aqueles que seguem Jesus têm enfrentado a morte, mortes horríveis, na arena, cepo e mesmo na cruz. Há anos, tenho ouvido rumores de que o corpo de Jesus foi tirado de sua tumba por seus discípulos mais fiéis, que então esconderam o corpo e afirmaram que ele era Deus porque havia ressuscitado. Entretanto, na semana passada, aqui em Roma, o homem tido como o mais próximo a Jesus, Pedro, foi informado de que sua vida seria poupada se pelo menos admitisse às autoridades que Jesus não ressurgira dentre os mortos. Pedro foi crucificado, contaram-me, de cabeça para baixo, a seu próprio pedido, de modo a não morrer da mesma maneira que Jesus. Agora, se Pedro soubesse que o corpo de Jesus havia sido tirado da tumba... e ele, mais que ninguém, teria conhecimento desse feito se o mesmo tivesse sido cometido... por que estaria ainda assim disposto a morrer por uma mentira? E agora o brilhante Paulo também entregou sua vida. Não sei! Não sei! Há tanta coisa a respeito de tudo isso que não compreendo. Sei, entretanto, que se fosse um homem mais jovem, com a vida ainda pela frente, iria procurar saber mais sobre esse homem chamado Jesus e sobre o que ensinou.

— Nunca se está velho demais, Sêneca — disse Sérgio. — Nós lhe daríamos as boas-vindas de braços abertos.

— Nós? Terá o ilustre governador romano de Chipre, por tantos anos voltado as costas aos deuses de Roma? É um deles?

— Sou.

Sêneca balançou a cabeça, incrédulo, e se voltou para Hafid.

— E quanto a você, maior vendedor dentre todos? Diante de quem se inclina?

— Houve tempo em que não me inclinava diante de nenhum homem, nem mesmo César. Mas um dia, há muitos anos, Sérgio Paulo e eu escalamos a montanha mais alta que se ergue junto ao pequeno povoado de Nazaré, depois de termos visitado a mãe de Jesus. Sentado ali no alto, tão perto do céu, dei-me conta subitamente de que minha busca de uma vida inteira por uma fé que iria sempre guiar-me e amparar-me havia terminado. Eu sabia, sem qualquer sombra de dúvida, que o saco que recebera de Maria continha muito mais que a túnica vermelha sem costura de mais um pregador pobre. Tive a certeza de que tinha, em meu poder, o manto que por tanto tempo havia protegido o corpo do filho de Deus.

Sérgio Paulo inclinou-se e beijou a face do grande vendedor. Nenhuma palavra foi dita.

Mais tarde, quando Hafid, Lucas e Erasmo estavam por regressar à caravana, Erasmo aproximou-se do amo e perguntou:

— E quanto ao nosso futuro, senhor? Para que lugar iremos em seguida?

— Iremos retornar a Damasco — replicou Hafid —, assim que todos os preparativos puderem ser feitos, e ali dispersaremos a caravana. Planejo retirar-me à minha biblioteca e utilizar o tempo que Deus me concedeu para transcrever em pergaminho meus dez princípios mais importantes para uma boa vida, de forma similar a dos que me foram dados quando era um simples cameleiro.

— E então...? — perguntou Erasmo.

— Então estarei preparado para assisti-lo na supervisão e organização de rápidos mensageiros que possam fazer chegar cópias de meus pergaminhos aos quatro cantos do mundo. Podemos alcançar milhões desse modo, em vez dos milhares que vieram me ouvir falar.

— Eu ficaria honrado em auxiliá-lo em sua grande tarefa — disse Lucas. — Minha caligrafia é excelente e eu estaria disposto a transcrever para o pergaminho as suas palavras.

— Médico, você tem uma missão mais importante. Faça o que Paulo lhe pediu. Escreva tudo o que sabe sobre suas lutas e viagens, e também registre tudo o que tiver aprendido sobre a vida de Jesus, incluindo a história de seu nascimento naquele estábulo em Belém, que lhe relatei quando voltávamos para as minhas carroças ontem à noite.

— Hafid — bradou Sérgio. — Acabo de ser abençoado com uma idéia extremamente poderosa. Lembra-se, como lhe contei, quando estivemos juntos em Nazaré, há muitos anos, da casa que fiz construir no monte Hermon, um retiro muito próximo ao lugar onde Deus falou a Jesus?

— Lembro-me e tenho lamentado, muitas vezes, nunca ter aceito seu generoso convite para visitar aquele lugar.

— Não é tarde demais, ainda. Ouça-me até o fim. Estou velho demais, agora, para viajar outras vezes ao monte Hermon e em breve estarei transferindo a propriedade daquele lugar especial ao meu caseiro, Stephanas, que me serviu lealmente, naquele local, por todos esses anos. Estar perto do lugar onde Deus falou constituiria o ambiente perfeito para você, enquanto estiver se concentrando e criando os dez pergaminhos.

— A estrada do porto de Sídon a Damasco passa bem perto da montanha — disse Galeno, encorajador.

— E quanto a Stephanas?

— Stephanas, seguindo minhas instruções escritas, que você lhe entregará, pode facilmente ir visitar a família, na cidade próxima de Cesaréia de Filipe, e deixar você em completa reclusão até que ultime seu projeto. Que lugar ideal para realizar sua obra máxima! Apenas o vento irá pertubar sua concentração a não ser, naturalmente, que Deus decida falar-lhe. Então, quando tiver terminado, poderá voltar a seu palácio em Damasco, a apenas meio dia de viagem, e Erasmo poderá supervisionar a circulação de suas palavras inspiradoras.

Hafid olhou para Erasmo, que permaneceu em silêncio. Aquela era uma decisão que teria de tomar por si próprio. Sérgio Paulo continuou:

— Agora é sua última oportunidade, Hafid. Ano que vem, Stephanas e toda a sua família irão provavelmente residir naquela casa. Vá, imploro-lhe!

# Oito

☆

Antes que a caravana partisse de Roma, Hafid, tendo Lucas por guia, visitou inúmeras lojas no adjacente distrito livreiro chamado Argileto. Depois de horas examinando os artigos à venda, comprou finalmente vários frascos da mais fina tinta preta, importada do Egito, uma caixa de penas de metal e cálamos de ganso, e uma dúzia de rolos de pergaminho sem uso, preparados com peles curtidas de cabra.

A tarde já ia a meio quando ambos finalmente decidiram retornar à caravana, mas não haviam avançado mais de cinqüenta passos quando Hafid se deteve subitamente e apontou para um maltratado baú de cedro, com manchas escuras, atirado sobre um dos lados, perto de uma banca de livros externa.

— Aquele velho baú está vazio? — gritou ele com excitação ao mercador que cochilava debruçado sobre uma mesa próxima.

— Não apenas está vazio, senhor, como também à venda.

Hafid aproximou-se mais. Sua voz estava trêmula.

— Pode abri-lo para mim, por gentileza?

O comerciante içou a arca para a mesa e soltou o fecho. Então levantou a tampa de madeira e deixou-a cair para trás, expondo o interior empoeirado.

Hafid voltou-se para Lucas intrigado.

— Passe-me alguns dos rolos que compramos.

Lucas remexeu no saco de couro que estivera carregando e retirou três rolos. Hafid colocou-os delicadamente dentro do baú.

— Agora dê-me mais sete, por favor.

Os sete acabaram de encher o baú até em cima. Hafid fechou a tampa com suavidade e voltou-se para o mercador.

— Quanto?

— Apenas cem denários, senhor.

Hafid remexeu por dentro do manto, buscando a bolsa de dinheiro, mas Lucas o deteve.

— Senhor — protestou —, esse preço é dez vezes superior ao valor dessa velha caixa! Veja como as dobradiças estão enferrujadas e as correias gastas. Venha, conheço uma loja excelente aqui perto onde irá encontrar uma variedade de baús mais adequados às suas necessidades e por um preço muito mais justo.

— Lucas, aprecio sua preocupação, mas esse é o que desejo. Não posso crer em meus velhos olhos, mas se parece exatamente com o baú que continha os dez rolos que recebi quando era cameleiro, há mais de sessenta anos.

Lucas sorriu pacientemente.

— Parece velho e gasto o suficiente para ser o mesmo.

Hafid pagou ao mercador e disse:

— Não é simplesmente uma coincidência que eu tenha descoberto esta arca neste momento de minha vida. Eis que Deus joga xadrez comigo novamente e isto é um bom sinal. Agora terei o cofre perfeito para meus pergaminhos depois que estiverem escritos!

Duas semanas se passaram até que a Caravana do Sucesso finalmente aportasse nas docas de Sídon, e depois de mais um dia haviam chegado à encruzilhada onde a leste se seguia para Damasco e ao sul para o monte Hermon.

Hafid desembarcou da grande carruagem que lhe havia servido, e aos outros, por tantos anos em suas temporadas de palestras. Atrás seguia uma carruagem menor, cheia de caixas de alimentos, roupas e material para escrever. O condutor de carroça menor aproximou-se de seu líder e disse, ao entregar o chicote a Hafid:

— Tudo está em ordem, senhor.

A essa altura, Erasmo e Galeno se haviam aproximado do amo. Hafid voltou-se para o seu velho guarda-livros e disse:

— Voltarei à nossa casa assim que tiver completado o trabalho nos pergaminhos, talvez dentro de uma quinzena, ou algo assim.

Erasmo foi incapaz de esconder sua preocupação.

— Amo, não quer, por gentileza, reconsiderar a decisão e permitir-me que o acompanhe? Já se vão muitos, muitos anos desde que estivemos separados.

— Livre-se do medo, Erasmo. Devo fazer isto sozinho, de modo que minha concentração não sofra interrupções. Irei sobreviver. O clima está ameno e tenho fartura de alimento para várias semanas. Em breve estaremos juntos. Ainda tem sua cópia dos mapas que Sérgio Paulo nos deu, com a localização da casa no monte Hermon?

Erasmo apalpou sua túnica.

— Está aqui, senhor.

Hafid assentiu enquanto puxava o fiel amigo para um abraço.

— Se ficar muito solitário depois de um mês ou algo assim, e eu não tiver regressado, será bem-vindo se me fizer uma visita. Por ora, volte à nossa casa em Damasco e leve Galeno por companhia, como combinamos. Ele também será de grande utilidade na dispersão da caravana. Despeço-me de você, por enquanto. Esta noite irei dormir sozinho no local onde Deus falou um dia.

A estrada que partia da base do monte Hermon subia tão gradualmente que foi difícil a Hafid dar-se conta de que estava agora escalando a majestosa montanha que, vista à distância, parecia tocar o céu. Ele não apressou seus dois garanhões uma vez que estava saboreando as encostas fragrantes com seus azevinhos, espinheiros e amendoeira, enquanto jacintos, ciclâmenes e botões-de-ouro floresciam à margem do caminho. Após mais de uma hora, passou por uma gigantesca coluna de pedra branca e tosca, que se erguia mais de cinqüenta côvados acima de um monte de pedras roliças, e constatou, de acordo com seu mapa, que agora se achava a apenas três quilômetros de seu destino.

À esquerda, enquanto prosseguia, o mundo parecia estar estendido para que desfrutasse. Muito à distância, a luz cintilava no mar da Galiléia e o grande vendedor esforçou-se para obter um vislumbre de sua amada Damasco, a leste, mas uma pesada névoa pairava sobre o deserto naquela direção. À direita, muito acima, podia ver o topo da montanha e percebeu que a neve, que à distância parecia um mantel ininterrupto de branco cintilante, estava, na realidade, apenas nas depressões e fissuras.

O mapa que Sérgio Paulo desenhara indicava que a estrada iria, a certa altura, descrever uma curva através de um bosque de zimbros selvagens da montanha, que escondiam dos viajantes de passagem a casa do velho governador. Assim que a carroça se achou sob as ramagens verdes, Hafid a deteve com presteza. Diretamente à frente, com os galhos mais baixos de várias árvores descansando sobre o telhado, estava o destino de Hafid.

Um homem de ombros largos, vestido em peles de animais, estava parado à porta dianteira da casinhola, observando curiosamente enquanto Hafid descia de sua carroça. Esperou, inseguro, até que o grande vendedor levantasse a mão em saudação antes de indagar:

— Está perdido, estrangeiro?

— Creio que não. Você é Stephanas?

— Sou.

— Seu amigo e empregador, Sérgio Paulo, envia-lhe saudações. E também uma carta contendo instruções.

Stephanas recebeu o pequeno rolo de pergaminho, quebrou o lacre e leu apressadamente as palavras. Então se inclinou respeitosamente para Hafid e disse:

— Bem-vindo, senhor. Deixe-me trazer sua bagagem e ajudá-lo a acomodar-se neste lugar especial.

Hafid segurou a mão direita do homem mais jovem e colocou duas moedas de ouro em sua palma calejada.

— Lamento muito desalojá-lo de sua casa; entretanto, não será por muito tempo e Sérgio de certo modo aliviou minha preocupação informando-me que tem família nas proximidades.

Stephanas assentiu, olhando incrédulo para a riqueza recém-adquirida.

— Senti remorsos, muitas vezes, por não ter visitado ainda minha mãe e meu pai neste verão. Agora será uma boa ocasião.

A casa continha apenas quatro aposentos, mas estava decorada e mobiliada com o mesmo bom gosto que Sérgio havia usado tanto em seu palácio como na *villa*. Extremamente satisfatória para Hafid foi a grande mesa de trabalho sobre a qual colocou suas penas, a tinta e os pergaminhos. A velha arca que havia comprado em Roma foi colocada sob a mesa. Depois que Stephanas descarregou os alimentos e outros materiais da carroça, trouxe para dentro um feixe de lenha para a enorme lareira de pedra.

— Antes que eu parta, senhor, tem alguma pergunta a fazer? Existe algo mais que lhe possa mostrar?

Hafid estivera olhando pela porta aberta para o grupo escuro de árvores atrás da casa.

— Sim — replicou com brandura —, pode me levar ao lugar onde se ouviu Deus falar?

— Venha — disse Stephanas e guiou o homem mais velho por uma trilha entrecoberta de margaridas. Finalmente parou e recostou-se a uma árvore. — Pedro retornou a este lugar, acompanhado por Sérgio, há apenas alguns anos e disse que tudo aconteceu aqui. Veja, dispus um círculo de pedras para marcar a área. Aparentemente Pedro, Tiago e João haviam acompanhado Jesus desde Cesaréia de Filipe, e os três estavam tão cansados que adormeceram neste solo pouco depois de terem chegado. Pedro disse que acordaram com uma grande luz que quase os cegou, brilhando de onde Jesus se havia ajoelhado e ainda estava rezando. Então, uma nuvem brilhante desceu sobre eles e na quietude ouviram uma voz dizendo: "Este é meu filho amado; ouçam-no."

— O que aconteceu então? — perguntou Hafid.

— Acabou, disse Pedro, em poucos minutos. A nuvem logo se desvaneceu e apenas os astros no céu foram testemunhas.

Hafid saltou por sobre as grandes pedras e caminhou lentamente pelo chão desigual até encontrar-se perto do meio do círculo. Apesar do frio, sentiu uma súbita brisa cálida acariciando seu rosto e as batidas de seu coração. A voz de Stephanas sobressaltou-o.

— Se não houver nada mais que possa fazer pelo senhor partirei de modo a ter completado a descida antes que o sol se ponha.

Hafid observou a figura de Stephanas se afastando até se desvanecer no crepúsculo. Então se ajoelhou junto à pedra maior e colocou as mãos entrelaçadas sobre sua superfície áspera. Uma vez mais, sentiu aquela misteriosa brisa cálida e constatou que parte de sua rotina diária, enquanto permanecesse na montanha, seria ajoelhar-se junto àquela mesma pedra, a cada manhã, e orar por ajuda para completar seus pergaminhos.

Dormiu pouco naquela noite, contemplando a escuridão e planejando o que iria escrever.

— Este — disse em voz alta — é o maior desafio de minha vida. Fui honrado por meu império comercial e por minha oratória, mas ser capaz de alinhar sobre o pergaminho palavras com o poder de mudar o futuro daqueles que vierem e lê-las é a realização suprema e um milagre em si mesmo. Sei que não posso realizar sozinho esse empreendimento quase impossível. Ajudai-me, Deus, eu Vos imploro.

Quando chegou a manhã, Hafid consumiu um leve desjejum e saiu para uma caminhada. Inspirou profundamente, várias vezes, e então aproximando-se do círculo de pedras, onde se ajoelhou e mais uma vez orou pedindo ajuda. Então regressou à casa, assumiu uma posição confortável na poltrona forrada de couro junto à mesa de trabalho, abriu um pergaminho limpo, mergulhou o cálamo na tinta escura e começou a escrever...

*Duas vezes a cada dia, pela manhã e à noite antes de recolher-me, lerei as palavras deste pergaminho. A leitura vespertina deve ser em voz alta. Continuarei dessa maneira por sete dias, inclusive o sábado, antes de proceder ao pergaminho de número seguinte. Assim, em dez semanas terei completado os alicerces para construir uma vida nova e melhor.*

*Entendo que nenhuma providência foi tomada caso eu negligencie uma ou mais leituras diárias. Como na própria vida, tenho consciência de que o tanto de sucesso que serei capaz de alcançar por meio deste conhecimento estará em proporção direta ao esforço despendido em adquiri-lo...*

## Nove

# O Primeiro Voto do Sucesso

☆

Nasci para ser bem-sucedido, não para falhar. Nasci para o triunfo, não para curvar minha cabeça, derrotado.

Nasci para brindar às vitórias, não para lamentar e queixar-me.

O que aconteceu comigo? Quando foi que meus sonhos todos se desvaneceram numa mediocridade cinzenta em que as pessoas comuns aplaudem umas às outras como excelentes?

Ninguém é tão enganado por outra pessoa quanto por si mesmo. O covarde está convencido de que é apenas cauteloso e o avarento sempre pensa estar praticando frugalidade. Nada é tão fácil quanto enganar o próprio eu, uma vez que o que desejamos é sempre fácil de acreditar. Ninguém, em minha vida, enganou-me tanto quanto enganei a mim.

Por que sempre tento cobrir minhas pequenas realizações sob cobertores de palavras que fazem pouco de meu trabalho ou que são desculpas por minha falta de habilidade? Pior que tudo, terminei por acreditar tanto em minhas desculpas que vendo de boa vontade os meus dias por centavos enquanto me consolo com pensamentos de que as coisas sempre poderiam ser piores.

Basta!

É tempo de estudar a reflexão em meu espelho até que eu reconheça que o inimigo mais daninho que tenho... sou eu. Finalmente, neste momento mágico com meu primeiro pergaminho, o véu do auto-engano está começando a levantar-se de meus olhos.

Agora sei que há três classes de pessoas no mundo. As primeiras aprendem de sua própria experiência — estas são sábias. As segundas aprendem da experiência dos outros — estas são afortunadas. As terceiras não aprendem nem da própria experiência nem da experiência dos outros — estas são tolas.

Não sou um tolo. Daqui por diante caminharei com minhas próprias pernas e minhas terríveis muletas da autopiedade e autodesprezo foram postas de lado para sempre.

*Nunca mais irei lamentar ou diminuir a mim mesmo.*

Como eu era tolo quando me postava em desespero, à beira da estrada, e invejava os bem-sucedidos e os ricos enquanto estes desfilavam. São eles abençoados com talentos únicos, inteligência rara, coragem heróica, ambição persistente e outras qualidades destacadas que não possuo? Foram-lhes concedidas mais horas, em cada dia, nas quais realizar suas portentosas tarefas? Têm eles corações cheios de compaixão e almas transbordantes de amor que sejam diferentes do meus? Não! Deus não tem favoritos. Somos todos modelados do mesmo barro.

Agora sei também que a tristeza e os reveses de minha vida não são únicos para mim. Mesmo os mais sábios e os mais bem-sucedidos de nosso mundo sofrem períodos de mágoas e fracasso, mas eles, diversamente de mim, aprenderam que não há paz sem distúrbio, não há descanso sem tensão, não há riso sem pesar, não há vitória sem luta, e esse é o preço que todos pagamos por viver. Houve um tempo em que eu pagava o preço de boa vontade e complacente, mas desapontamentos e derrotas constantes inicialmente erodiram minha confiança e depois minha coragem, exatamente como pingos d'água irão, com o tempo, destruir o máis sólido granito. Tudo isso agora ficou para trás. Não sou mais um dos sofredores, permanecendo sempre nas sombras dos outros e escondendo-me por trás de minhas tristes desculpas e álibis enquanto os anos passam e se perdem.

*Nunca mais irei lamentar ou diminuir a mim mesmo.*

Agora sei que paciência e tempo são até mais

eficazes que força e paixão. Os anos de frustração estão prontos para a colheita. Tudo o que consegui realizar e tudo o que tenho esperança de realizar foi e será por aquele processo mourejante, paciente, perseverante que constrói o formigueiro, partícula por partícula, pensamento por pensamento, passo por passo.

O sucesso, quando chega de um dia para outro, freqüentemente parte com o amanhecer. Estou preparado, agora, para uma existência de felicidade porque finalmente reconheci um poderoso segredo oculto nos anos que me trataram tão asperamente. O fracasso é, em certo sentido, a estrada para o sucesso, uma vez que toda descoberta que fazemos do que é falso leva-nos a buscar zelosamente o que é verdadeiro e cada nova experiência aponta alguma espécie de erro que iremos posteriormente evitar com cuidado. A trilha pela qual caminhei, freqüentemente umedecida por minhas lágrimas, não foi uma viagem desperdiçada.

*Nunca mais irei lamentar ou diminuir a mim mesmo.*

Obrigado, Deus, por ser honesto comigo, hoje, e colocar em minhas mãos estes preciosos pergaminhos. Eu me encontrava na vazante mais baixa de minha vida mas deveria ter sabido que é nesse momento que a maré se inverte sempre.

Nunca mais irei olhar rancorosamente para o passado. Este jamais retornará. Ao invés disso, com estes pergaminhos, irei moldar o presente, porque este é meu, e seguirei em frente para encontrar o futuro misterioso sem medo, sem dúvidas, sem desespero.

Fui formado à imagem de Deus. Não há nada que eu não possa alcançar se tentar.

*Nunca mais irei lamentar ou diminuir a mim mesmo.*

## Dez

# O Segundo Voto do Sucesso

☆

Já sou uma pessoa diferente e melhor.

Apenas uns poucos dias se passaram desde que comecei uma nova existência com a ajuda destes pergaminhos, mas agora há uma agitação estranha e forte em meu coração, um sentimento de esperança nova que quase desapareceu com o passar dos anos.

Finalmente, fui resgatado de meu catre de desespero e rendo graças. Com as palavras do primeiro voto do sucesso ainda frescas em meus lábios já multipliquei meu valor aos meus olhos e esta nova cotação de mim, estou certo, irá no final das contas ser adotada pelo mundo exterior. Agora conheço uma grande verdade. A única etiqueta de preço válida é aquela que colocamos em nós mesmos. Se nossa avaliação de nós mesmos for muito baixa, o mundo concordará. Mas se nos avaliarmos pelo melhor preço, o mundo também aceitará de boa vontade essa avaliação.

Obrigado, Deus, por colocar esses pergaminhos preciosos em minhas mãos. Este é o ponto de virada de minha vida e não devo, e não irei, afastar-me deste desafio como fiz tantas vezes no passado. Agora sei que na peregrinação de todos por esta vida há lugares sagrados onde as pessoas acabam por sentir afinidade com o divino; onde os céus parecem encurvar-se pouco acima de nossas cabeças e os anjos vêm e nos dão auxílio. Esses são os lugares de sacrifício, o terreno dos encontros entre mortal e imortal, as tendas do julgamento onde são travadas as grandes batalhas da vida de uma pessoa. Minhas derrotas do passado já estão quase esquecidas. Mesmo a dor e a mágoa. E feliz eu serei, em anos por vir, se for capaz de olhar de volta para este tempo especial e saber que aqui, finalmente, provei o sabor da vitória.

Mas antes preciso aprender e colocar em prática o segundo voto do sucesso:

*Nunca mais irei saudar o amanhecer sem um programa.*

No passado, ter quaisquer objetivos, fossem grandes ou pequenos, parecia não ser mais que um exercício de tolice, uma vez que eu tinha tão pouca fé em minhas habilidades. Por que ter objetivos pequenos e insignificantes, perguntava a mim mesmo, meramente para satisfazer meus desprezíveis talentos? Que diferença isso fazia no esquema das coisas? E assim, a cada dia, eu saía tropeçando pelo mundo, desgovernado e sem rumo, esperando sobreviver até o pôr-do-sol, assegurando falsamente a mim mesmo de que estava apenas aguardando o momento apropriado ou que minha sorte mudasse, e no entanto nunca acreditando por um único momento que qualquer coisa em meu futuro seria de algum modo diferente de meu passado.

Abandonar-se à deriva todos os dias é fácil. Nenhum talento é exigido, nem esforço, nem dor. Por outro lado, estabelecer objetivos para um dia, uma semana, um mês, e atingir esses objetivos, nunca é fácil. Amanhã começarei, dizia a mim mesmo dia após dia. Não sabia, então, que o amanhã encontra-se apenas no calendário dos tolos. Cego aos meus tolos erros, estava desperdiçando minha vida com deliberação por não sei o quê, e teria procrastinado até que fosse tarde demais não fora por estes pergaminhos. Há uma distância imensurável entre tarde e tarde demais.

*Nunca mais irei saudar o amanhecer sem um programa.*

Morava na rua dos tolos. Sempre pretendendo construir uma vida nova e melhor mas nunca encontrando tempo para empenhar-me nisso, era como se eu adiasse o comer, o beber e o dormir de um dia para outro até estar morto. Por anos a fio, convenci-me, como tantos outros, de que os únicos objetivos que valiam a pena eram objetivos principescos com ricas recompensas em ouro, fama e poder. Como estava errado. Agora sei que o sábio nunca estabelece objetivos de proporções imensas. Àqueles planos que são gigantescos em tamanho ele chama sonhos e os aninha perto do coração, onde os outros não possam vê-los e deles zombar. Então saúda cada manhã com objetivos para o dia apenas, e se certifica de que tudo o que planejou está completado, antes de ir dormir. Rapidamente, as realizações de cada dia são colocadas, uma sobre a outra, como a formiga empilha seus grãos de areia, e por fim é erigido um castelo suficientemente grande para abrigar qualquer sonho. Na verdade, isto não é difícil de realizar uma vez que eu tenha aprendido a refrear minha impaciência e lidar com a vida um dia de cada vez. Eu posso fazê-lo. Eu irei fazê-lo.

*Nunca mais irei saudar o amanhecer sem um programa.*

A vitória do sucesso está semiconquistada quando se obtém o hábito de estabelecer metas e alcançá-las. Mesmo a tarefa mais tediosa se tornará suportável se eu passar cada dia convencido de que cada tarefa, não importa quão comezinha ou aborrecida, leva-me alguns passos mais perto de realizar meus sonhos. Que maneira agradável de tocar minha vida, pois, se a manhã não me presenteasse com novas alegrias, à medida que preenchesse minhas metas para o dia, ou se a noite não me trouxesse novos prazeres por completá-las, não valeria a pena sequer vestir-me e despir-me. A vida, estou agora convencido, pode ser tão jubilosa como crianças brincando quando uma pessoa desperta com a expectativa de que um caminho claramente demarcado se encontra à espera.

Eu sei, agora, onde estou.

Eu sei, também, onde quero que meus objetivos me levem.

Para ir daqui até lá não preciso conhecer neste momento todas as curvas e desvios de minha viagem. O mais importante é que abracei o primeiro e o segundo pergaminhos e agora jamais olharei para trás, para aquele passado desanimador em que os dias não tinham começo nem fim e eu me encontrava perdido num deserto de futilidade sem nada pela frente a não ser a morte e o fracasso.

Amanhã terei objetivos! E no dia seguinte! E no outro!

*Nunca mais irei saudar o amanhecer sem um programa.*

Uma vez barganhei por um centavo com a vida e a vida não me pagou mais, mas meus anos de trabalhar pelo salário de um escravo terminaram. Agora sei que fosse qual fosse o salário que eu tivesse pedido à vida, esta o teria pago de boa vontade.

O sol não está brilhando sobre mim para que eu possa refletir com tristeza sobre o ontem. O passado está enterrado e quase me permiti ser enterrado juntamente com ele. Basta de lágrimas. Que os raios do sol iluminem as promessas do amanhã... e a mim.

*Nunca mais irei saudar o amanhecer sem um programa.*

# Onze

## O Terceiro Voto do Sucesso

☆

Estou desperto.

Estou cheio de jubilosa expectativa.

Sinto estranhas ressonâncias em meu coração ao dar boas-vindas a cada novo dia, agora, com alegria e confiança ao invés de autopiedade e medo.

Aquele que sofre se recorda. Nunca irei repetir as falhas e enganos fúteis do passado agora que tenho estes pergaminhos para guiar-me.

A cada dia irei aventurar-me pelo mundo acompanhado por três poderosos aliados novos: confiança, orgulho e entusiasmo. Estou confiante de que posso lidar com qualquer desafio, o orgulho exige que eu me desempenhe com o melhor de minha habilidade, e tudo isso será realizado porque redescobri um poder especial que esteve ausente de minha vida desde a infância, o poder do entusiasmo.

Cada ato memorável na história do mundo é um triunfo do entusiasmo. Nada de grande jamais foi atingido sem o entusiasmo, porque os desafios e as profissões, por mais medonhos e complexos que sejam, ganham um novo sentido com o entusiasmo. Sem entusiasmo estou condenado a uma vida de mediocridade, mas com ele posso realizar milagres.

Há um novo sentido em minha existência. O fracasso não é mais meu companheiro constante. O vazio, o isolamento, a ineficácia, a tristeza, a vexação e o desespero do passado desapareceram desde aquele dia, não há tanto tempo, quando me recordei de como sorrir. Os outros já estão refletindo meus sorrisos e meu zelo. Partilho com satisfação a chama do amor e da felicidade.

*Sempre irei banhar meus dias na radiância dourada do entusiasmo.*

O entusiasmo é o maior recurso do mundo. Seu valor potencial ultrapassa em muito o dinheiro, o poder e a influência. Sem qualquer ajuda, o entusiasta convence e influencia onde a riqueza acumulada por um pequeno exército de trabalhadores mal provocaria um frêmito de interesse. O entusiasmo pisoteia o preconceito e a oposição, rejeita a inação, toma de assalto a cidadela de seu objeto e, como uma avalanche, esmaga e engolfa todos os obstáculos. Aprendi uma grande lição — o entusiasmo é a minha fé na ação! Com fé eu não posso falhar.

*Sempre irei banhar meus dias na radiância dourada do entusiasmo.*

Alguns de nós somos entusiásticos às vezes e alguns poucos conservam até mesmo sua vivacidade por um dia ou uma semana. Tudo isso é bom, mas devo e irei desenvolver o hábito de manter meu entusiasmo indefinidamente, honestamente e sinceramente, de modo que o sucesso de que desfruto hoje possa ser repetido amanhã, na próxima semana e no próximo mês. O entusiasmo, o amor pelo que for que eu estiver fazendo no momento, funciona tão maravilhosamente que não preciso sequer tentar entender, mas sei que proporcionará vitalidade adicional a meus músculos e minha mente.

O entusiasmo em tudo o que faço se tornará, mediante árduo esforço, um hábito. Precisamos primeiramente formar nossos hábitos e então, bons ou maus, estes nos formam. O entusiasmo será meu carro de guerra para uma vida melhor. Já estou sorrindo em antecipação ao bem que virá.

*Sempre irei banhar meus dias na radiância dourada do entusiasmo.*

O entusiasmo pode mover castelos e cativar os brutos. É o dom da sinceridade, e a verdade raramente é vitoriosa sem ele. Como tantos outros, conduzi minha vida com idéias falsas de recompensas verdadeiras, acreditando que o conforto e o luxo deviam ser meus objetivos quando tudo aquilo que qualquer um de nós precisa para ser realmente feliz é algo a respeito de que possamos sentir-nos entusiasmados. O entusiasmo irá beneficiar meu futuro com mais intensidade do que a chuva da primavera nutre a plantação de trigo.

Daqui por diante, todos os meus dias serão diferentes daqueles do passado. Nunca mais irei considerar trabalho árduo seja o que for que eu tiver de fazer para sustentar meu futuro, caso contrário irei sentir a tensão da necessidade em meus afazeres e as horas de cada dia irão durar pelo que parecerá uma eternidade. Deixe-me, ao invés disso, esquecer que preciso trabalhar para comer e abordar a labuta diária com toda minha energia, zelo e boa disposição. Com essas virtudes desempenhar-me-ei muito melhor que antes, as horas passarão rapidamente e, se esse rendimento entusiástico continuar dia após dia, certamente irei tornar-me mais valioso para mim mesmo e para o mundo.

Não há pessoa, ocupação ou problema que não possa ser afetado para melhor por minha atitude.

*Sempre irei banhar meus dias na radiância dourada do entusiasmo.*

Nessa radiância brilhante serei capaz de ver, pela primeira vez, todas as boas coisas da vida que estiveram ocultas de mim durante aqueles anos de futilidade. Do mesmo modo que o jovem apaixonado tem o senso mais apurado e a visão mais aguda, e vê no objeto de sua afeição uma centena de virtudes e encantos invisíveis a todos os outros olhos, eu irei. imbuído de entusiasmo, ter meu poder de percepção intensificado e minha visão ampliada até que possa ver a beleza e encanto que outros não conseguem discernir, o que pode compensar o trabalho enfadonho, a privação, a opressão e mesmo a perseguição. Com entusiasmo, posso tirar o melhor partido de qualquer situação e caso tropece vez por outra, como até os mais dotados de talento farão ocasionalmente, recompor-me-ei e seguirei adiante com minha vida.

*Sempre irei banhar meus dias na radiância dourada do entusiasmo.*

Que grande jovialidade sinto, sabendo que possuo este grande poder para alterar meus dias e minha vida inteira com minha atitude. Como lamento aquelas legiões que não têm o conhecimento de que podem usar esta grande força, uma força já presente nelas, para orientar seu futuro.

Farei voltar o calendário e adotarei o encanto irresistível da juventude com esse entusiasmo borbulhando como uma fonte de água na montanha. A juventude não vê escuridão adiante, nem armadilha da qual não se possa escapar. A juventude esquece que no mundo há uma coisa como o fracasso e acredita que a humanidade esperou, por todos estes séculos, que um jovem viesse e fosse o libertador da verdade, energia e beleza.

Hoje levanto alto a minha vela e sorrio para todos.

*Sempre irei banhar meus dias na radiância dourada do entusiasmo.*

# Doze

## O Quarto Voto do Sucesso

☆

Sou o possuidor de um poder admirável. Conheço o segredo de como influenciar os pensamentos e ações de outros quando estes se encontram em minha companhia.

Apenas esse conhecimento, sabiamente usado, capacitou inúmeros indivíduos ambiciosos a se elevarem a grandes alturas da fama e da riqueza através dos tempos.

Lamentavelmente, apenas uns poucos estão conscientes de que possuem tal poder enquanto a vasta maioria pagou um preço terrível, em mágoas e desgraça, por sua ignorância. Amigos foram perdidos, portas foram fechadas, oportunidades se desvaneceram e sonhos foram destruídos.

Até agora tenho sido membro da angustiada maioria, destruindo constantemente minhas chances de sucesso e felicidade porque tolamente subestimei um poder que nem mesmo sabia possuir.

Através deste pergaminho meus olhos foram abertos. O segredo é tão simples que qualquer criança o compreende e usa-o instintivamente em benefício próprio. Podemos influenciar os outros tratando-os do mesmo modo como gostaríamos que nos tratassem. Somos todos imagens uns dos outros, com os mesmos sentidos, os mesmos sentimentos, as mesmas esperanças, os mesmos temores, as mesmas falhas e o mesmo sangue. Se alguém sente comichões, seu vizinho coça. Se outro sorri, seu amigo responde da mesma forma.

Como tenho sido ignorante. Sei que o sucesso não pode ser alcançado estando-se sozinho. Sei que não há coisa tal como um homem ou mulher auto-realizados. Percebo, por isso, que nunca conseguirei alcançar meus objetivos sem a ajuda de outros e no entanto posso ver, refletindo sobre meu passado, que as minhas ações mantiveram-me aprisionado por detrás das barras do pesar.

Por que desejaria alguém contribuir para meu sucesso?

Sempre que franzia o sobrolho, encontrava um sobrolho franzido em resposta.

Sempre que gritava com raiva, vozes raivosas me respondiam.

Sempre que me queixava, olhares rudes me penetravam.

Sempre que praguejava, o ódio me encarava.

Minhas ações condenavam-me ao mundo onde ninguém sorri, o mundo dos fracassos. Tolamente, eu culpava os outros pela minha condição, mas agora vejo que a culpa era minha.

Finalmente meus olhos se abriram.

Comprometo-me a manter pelo resto de minha vida este voto especial do sucesso:

*Nunca mais serei rude a uma alma vivente.*

Irei sorrir para amigos e inimigos da mesma forma e farei todo esforço para encontrar, nele ou nela, uma qualidade a elogiar, uma vez que agora percebo que o mais profundo anseio da natureza humana é a ânsia de ser apreciada. Na verdade, todos nós temos características elogiáveis e tudo o que preciso fazer é estar certo de que estou cumprimentando de coração, com a voz sincera.

Elogiar, sorrir, demonstrar preocupação pelos outros é tão benéfico a quem o faz quanto a quem recebe tais favores. Esse grande poder que afeta os outros tão fortemente irá operar milagres em minha vida à medida que a gratidão dos outros retorna a mim de muitas maneiras. Um sorriso continua sendo o presente menos dispendioso que posso oferecer a qualquer pessoa, e no entanto seu poder pode conquistar reinos. E aqueles a quem trato gentilmente, com palavras elogiosas, em breve começarão a perceber em mim boas qualidades que nunca haviam visto antes.

*Nunca mais serei rude a uma alma vivente.*

Meus dias de lamentações e queixas em relação a outros chegaram a um fim. Nada é mais fácil do que encontrar defeitos. Nem talento, nem abnegação, nem inteligência e nem caráter são necessários para estabelecer-se na ocupação de resmungar. Já não tenho mais tempo para essa lamentável atividade. Tudo o que esta poderá fazer será descolorir minha personalidade a tal ponto que ninguém irá querer associar-se comigo. Assim era minha vida antiga. Basta.

Estou muito agradecido por esta segunda oportunidade.

Desperdicei anos de oportunidade com minhas caretas, carrancas e olhares zangados quando um sorriso e uma palavra gentil teriam aberto muitas portas e amolecido incontáveis corações que poderiam ter-me ajudado. Apenas agora estou aprendendo a grande arte da vida — aperfeiçoar o momento de ouro da oportunidade e colher o bem que está ao nosso alcance.

*Nunca mais serei rude a uma alma vivente.*

Um sorriso e um aperto de mãos são, em última análise, um ato simples de amor. A vida, sei agora, não é constituída de grandes sacrifícios ou deveres, mas de pequenas coisas nas quais sorrisos, gentilezas e deveres distribuídos onde e quando for possível, são o que conquista e preserva qualquer coração. Os melhores trechos da vida de uma pessoa são os pequenos atos de consideração e zelo. As palavras gentis produzem sua própria imagem nas almas dos homens, e é uma bonita imagem. Elas consolam, acalmam e confortam quem as recebe. Fazem-no envergonhar-se e abandonar sua amargura, seu mau humor, sua indelicadeza. Ainda não comecei, até agora, a usar palavras gentis com a abundância com que deveriam ser usadas, mas irei melhorar, através da prática. Quem seria tolo a ponto de não tentar quando é sua felicidade que pende na balança?

*Nunca mais serei rude a uma alma vivente.*

Posso ver que, na interação da vida cotidiana, é através de pequenos atos de gentileza repetindo-se diariamente, e mesmo com o decorrer das horas, por meio de palavras, tons, gestos e olhares que a afeição e a admiração são conquistadas e preservadas. Como é fácil para um ser benevolente difundir prazer ao seu redor, e com que segurança um coração gentil é uma fonte de contentamento, fazendo com que todos ao seu redor cintilem seus sorrisos. A cada noite, ao recolher-me, rezo por ter feito ao menos um ser humano um pouco mais feliz, um pouco mais sábio ou ao menos um pouco mais contente consigo mesmo.

Como poderei falhar, deste momento em diante, se o voto que fiz sobre este pergaminho for mantido de modo que o ar que respiro, no futuro, irradie amor e os melhores votos?

*Nunca mais serei rude a uma alma vivente.*

# Treze

## O Quinto Voto do Sucesso

☆

O sol não brilha sempre.
As uvas não estão sempre maduras.
Os coveiros não estão sempre ociosos e a paz não reina sempre.

Agora, pesarosamente, reconheço outra verdade. Embora já tenha experimentado o embriagador vinho do sucesso, através destes pergaminhos, sei que não posso esperar caminhar através do restante de meus dias por sobre picos de montanhas. Não importa quanto tente, quanto persista e atinja a excelência em meu trabalho escolhido, ainda assim haverá dias, semanas e meses em que tudo o que eu tentar resultará em frustração e fracasso. Todos nós, mesmo os mais fortes e heróicos, gastamos dias demais dos que nos estão reservados vivendo no temor do fracasso. Possuímos sacos de ouro e gemas preciosas? Não são suficientes. Outros têm mais. Estamos protegidos e seguros? Seguros contra o quê? Doença? Desemprego? Latrocínio? Temos muitos amigos e uma família que nos ama? A amizade será sempre confiável? O amor da família irá durar para sempre?

O medo da adversidade levando ao fracasso projeta uma sombra terrível em todos os dias de nossa vida. Sua forma e cores são variadas, imaginárias e reais, confusas e claras, temporárias e permanentes. A adversidade aterroriza o trabalhador que luta para manter o emprego, o pai que reza para poder dar de comer a sua família, o mercador com esperanças de vender suas mercadorias, o soldado liderando outros na batalha. Tortura a todos igualmente, príncipe e indigente, sábio e tolo, santo e criminoso. Antes eu não tinha nenhum conhecimento de como lidar com a adversidade e os ferimentos que recebia de minhas derrotas eram suficientemente sérios para nublar minhas esperanças e destruir minha ambição. Basta! Esta é uma nova vida e agora conheço o segredo de tirar proveito de minhas derrotas sempre que estas se abaterem sobre mim.

*Irei sempre procurar a semente do triunfo em cada adversidade.*

Não há escola melhor que a adversidade. Cada derrota, cada sofrimento profundo, cada perda contém sua própria semente, sua própria lição sobre como melhorar meu desempenho da próxima vez.

Nunca mais irei contribuir para minha queda, recusando encarar a verdade e aprender de meus equívocos passados. A experiência é o extrato mais valioso do sofrimento e, no entanto, uma das circunstâncias terríveis desta vida é que a sabedoria não pode ser transferida a outrem. Todos são obrigados a freqüentar a sua escola e para cada um as lições são diferentes. Não há outro meio. A adversidade é sempre o primeiro caminho para a verdade, entretanto, e estou preparado para aprender tudo o que precisar saber para melhorar o estado de minha vida.

*Irei sempre procurar a semente do triunfo em cada adversidade.*

Estou mais bem preparado, agora, para lidar com qualquer adversidade. Compreendo, pela primeira vez, com que rapidez todos os feitos e eventos, bons e maus, grandes e pequenos, acabam e não mais existem, tanto as obras do homem quanto as da natureza. Todas as coisas na vida estão não apenas num constante estado de mudança, como são a causa de mudança constante e infinita umas nas outras.

A cada dia me encontro numa estreita saliência. Atrás de mim está o abismo sem fundo do passado. À frente está o futuro que irá engolir tudo o que me suceder hoje. Não importa o que o destino tenha reservado para mim, sei que irei desfrutá-lo ou sofrê-lo por apenas um tempo muito, muito breve. Assim, muito poucos compreendem essa verdade óbvia enquanto o resto permite que suas esperanças e objetivos se desvaneçam assim que a tragédia golpeia. Essas pessoas desafortunadas carregam consigo, até o dia de sua morte, sua própria cama de espinhos e buscam nos outros, todos os dias, simpatia e atenção. A adversidade nunca irá destruir a pessoa de coragem e fé. Todos nós somos testados na fornalha da desgraça e nem todos emergem. Eu irei emergir. O ouro pode permanecer por um mês sobre brasas ardentes sem perder um grão e eu sou mais precioso que qualquer ouro.

Todas as coisas irão passar.

*Irei sempre procurar a semente do triunfo em cada adversidade.*

Agora posso ver que a adversidade traz muitos benefícios, pouco reconhecidos. É a única balança com a qual posso pesar aqueles que professam ser meus amigos e descobrir a verdade. É também o estado em que me familiarizo mais facilmente com meu eu interior, e tem a maravilhosa capacidade de despertar em mim talentos que em circunstâncias prósperas teriam provavelmente permanecido adormecidos.

A adversidade está conosco desde o nascimento até a morte. A gema não pode ser polida sem fricção e eu não posso ser aperfeiçoado sem provações. Admito que me fez bem ser crestado pelo calor e encharcado pela chuva da vida e no entanto confesso que cada adversidade que sofri sempre foi seguida por meus gritos de raiva e ressentimento contra os céus.

Por que devia Deus fazer uma coisa tão terrível comigo? Por que Deus me privou de uma coisa ou outra que era tão importante para mim?

Agora sei que não há ocasiões na vida em que a oportunidade, a chance de ser e fazer, esteja tão próxima a minha alma como quando esta sofre cruel adversidade. Então tudo depende de se levanto a cabeça ou abaixo procurando ajuda. Se recorro a meros expedientes e truques, a oportunidade é perdida para sempre e eu não sairei mais rico ou maior, não, talvez mais insensível, mais pobre ou menor por minha dor. Mas, se me volto para Deus, e o farei daqui por diante, qualquer tempo de adversidade pode ser transformado num triunfante ponto de virada em minha vida.

*Irei sempre procurar a semente do triunfo em cada adversidade.*

Sempre que eu for abatido, no futuro, por qualquer terrível derrota, irei inquirir a mim mesmo, depois que a primeira dor tiver passado, como posso transformar aquela adversidade em bem. Que grande oportunidade esse momento poderia apresentar... tomar a amarga raiz que eu tiver nas mãos e transformá-la num fragrante jardim de flores!

*Irei sempre procurar a semente do triunfo em cada adversidade.*

# Quatorze

## O Sexto Voto do Sucesso

☆

Enganei a mim mesmo por tempo demais. Ofereci apenas um simulacro de trabalho aos que me empregaram e demonstrei má vontade em cada hora do que considerava um labor aborrecido. O trabalho, para mim, era o lamentável preço que tinha de pagar para existir porque os deuses não acharam conveniente, por ocasião de meu nascimento, colocar ouro em minhas mãos e uma coroa em minha cabeça. Que tolo fui eu.

Agora sei que o fruto derivado do trabalho é o mais doce de todos os prazeres e que embora o gênio possa começar grandes obras, apenas o trabalho irá completá-las.

Finalmente meus olhos se abriram por meio destes pergaminhos.

Quão mais fácil seria o meu trabalho se, tentando aperfeiçoar sua qualidade, eu despendesse tanto esforço quanto gasto tentando encontrar desculpas por não atendê-lo apropriadamente.

Há um imponente segredo do sucesso que minimiza todas as outras regras. Será incluído com certeza em todas as listas de afirmações sobre a criação de uma vida melhor nos séculos e milênios vindouros, e no entanto a maior parte da humanidade o rejeita, vezes sem conta, julgando-o difícil demais. Riqueza, posição, fama e mesmo a fugidia felicidade serão minhas, ao final, se me determinar a prestar mais e melhor serviço, a cada dia, do que sou pago para prestar. Há uma outra e mais eficaz maneira de recordar essa lei da vida extremamente difícil — quando se pede a alguém para andar um quilômetro, deve-se andar dois de boa vontade. A séculos, assim como atualmente, apenas uns poucos terão a determinação de seguir este grande segredo dos empreendedores, e estes serão os merecedores de honras.

Eu começo hoje!

*Nunca mais irei realizar qualquer tarefa sem todo o meu empenho.*

Agora sei que para crescer e progredir devo atender estritamente à minha ocupação e manter-me um pouco adiante dos tempos. Aqueles que atingem o topo são os que não estão satisfeitos fazendo apenas o que deles é exigido. Eles fazem mais. Eles andam outro quilômetro. E mais outro. A quantificação de sua recompensa nunca lhes passa pela mente. Sabem que ao final irão receber seu prêmio.

Há apenas um método certo de alcançar nossos objetivos e este é por meio do trabalho árduo, tanto mental quanto físico. Se eu não estiver disposto a pagar esse preço pela distinção, deverei estar preparado a resignar-me a um futuro de lágrimas e pobreza enquanto eu me lamentar com autopiedade pela futilidade de uma vida vazia de sorrisos e recompensas. Não mais sentirei pena de mim. Abandonei essa estrada que não leva a lugar nenhum.

*Nunca mais irei realizar qualquer tarefa sem todo o meu empenho.*

Não estou acorrentado ao meu trabalho. Não sou um escravo. Mesmo se detestar as tarefas que preciso desempenhar, vou compreender que essa maçada é tão necessária para extrair os tesouros de minha mente, de modo que eu possa melhorar minha condição, quanto a aração e o plantio o são para produzir resultados para os que amanham o solo. Posso crescer além de qualquer tarefa designada a mim agora desde que nunca me esqueça de que sou um filho de Deus, nascido para a vitória.

Seja qual for meu trabalho, deixe-me realizá-lo com amor e não falharei.

Minha parcela do trabalho deste dia pode ser limitada, mas o fato de ser trabalho a torna preciosa. O mundo não é movido apenas pelos poderosos músculos de nossos heróis, mas também pelo conjunto de pequenos empurrões de cada trabalhador honesto. O segredo do verdadeiro amor ao trabalho é a esperança de sucesso nesse trabalho, não pela recompensa monetária, nem pelo tempo gasto ou pelo talento exercido, mas pelo orgulho e satisfação na realização do trabalho em si.

Uma recompensa suficiente por uma coisa bem-feita é tê-la feito.

*Nunca mais irei realizar qualquer tarefa sem todo o meu empenho.*

Daqui por diante, quando o meu trabalho do dia estiver terminado, irei surpreender o mundo. Irei continuar em minha tarefa, apenas um pouco mais, e deixar que esse esforço extra seja um investimento no meu amanhã. Com tal atitude, tão rara neste mundo egoísta que habitamos, não vou falhar.

Todavia, se eu labutar de tal maneira, se persistir em avançar o quilômetro extra, devo preparar-me para as zombarias daqueles que nunca contribuem com um dia de trabalho honesto. Para realizar algo grande nesta vida curta, tenho consciência de que preciso aplicar-me ao trabalho com tal concentração de minha mente, músculos e tempo que, para aqueles que vivem na esqualidez da ociosidade, posso parecer ter perdido o juízo. Que assim seja.

*Nunca mais irei realizar qualquer tarefa sem todo o meu empenho.*

Dêem-me amor e trabalho, apenas essas duas coisas, e terei condições de viver uma vida de contentamento.

Pode ser que eu não seja feliz por muito tempo sem comida, bebida, roupas ou abrigo, mas posso ter todas essas coisas à perfeição e ainda assim ser infeliz. O que é melhor para um rio? É manter-se em movimento. Se pára, fica estagnado. O melhor para mim é o que mantém minhas correntezas fluindo. Poucas pessoas percebem o quanto sua felicidade depende de seu trabalho, do fato de serem mantidas ocupadas e não deixadas a se alimentarem de si mesmas. Não sou nada sem meu trabalho. O primeiro segredo da felicidade é alguma coisa para fazer.

*Nunca mais irei realizar qualquer tarefa sem todo o meu empenho.*

Nunca mais deixarei de andar o quilômetro extra ou apresentarei menos que a minha paga merecer.

Farei meu trabalho, daqui por diante, com toda a intensidade que puder aplicar — não apenas meu trabalho e nada mais, mas um pouco mais, aquele pouco mais que com o tempo valerá por todo o resto. E se eu sofrer, como acontecerá com freqüência, e se eu duvidar do valor de meus esforços, como farei ocasionalmente, ainda assim farei meu trabalho. Aplicarei nele meu coração e o céu irá clarear, e do seio da própria dúvida e sofrimento irá nascer a alegria suprema da vida.

Deixe-me sempre obedecer este voto especial do sucesso:

*Nunca mais irei realizar qualquer tarefa sem todo o meu empenho.*

# Quinze

## O Sétimo Voto do Sucesso

☆

Espalhei meus esforços em várias direções. Desperdicei muitas estações correndo de um arco-íris para outro.

Gastei inúmeros anos baixando baldes vazios em poços vazios.

Sucesso, felicidade, riqueza, eu continuava tendo esperanças, algum dia seriam meus.

Esperei em vão. Sem o milagre destes pergaminhos poderia ter esperado para sempre. Que triste. Pela estrada do breve finalmente se chega à casa do nunca.

Tudo isso agora ficou para trás.

Agora compreendo por que o sucesso se esquivou de mim. A pessoa que está perpetuamente hesitando entre qual de duas coisas irá fazer não irá fazer nenhuma. Se eu esvoaçar de plano em plano, de objetivo em objetivo, e constantemente dobrar-me ao vento, como um lírio, para todos os pontos da bússola, nunca irei realizar qualquer coisa grande ou útil.

São aqueles que se concentram em uma única coisa de cada vez que avançam neste mundo. O grande homem, ou mulher, é aquele que nunca sai de sua especialidade ou dissipa tolamente sua individualidade. Agora conheço o grande segredo que sempre esteve diante de meus olhos e para o qual, no entanto, eu me achava cego.

*Sempre irei lançar meu ser inteiro à tarefa em curso.*

A grande diferença entre aqueles que obtêm sucesso e aqueles que fracassam não consiste na quantidade de trabalho feita por cada um, mas na quantidade de trabalho inteligente. Muitos daqueles que fracassam mais ignominiosamente fazem o suficiente para alcançar grande sucesso, mas trabalham desordenadamente em qualquer coisa que lhes seja designada, construindo com uma das mãos para derrubar com a outra. Não agarram as circunstâncias para transformá-las em oportunidades. Não têm a faculdade de transformar derrotas honestas em vitórias expressivas. Com habilidades suficientes e tempo à disposição, os principais ingredientes do sucesso estão sempre movimentando para um lado e para outro uma lançadeira vazia, de modo que a verdadeira trama de sua vida nunca é tecida.

Nunca mais aplicarei apenas minhas mãos no meu trabalho quando deveria ter empenhado meu ser inteiro. Meus olhos finalmente estão abertos. Irei fazer tudo o que estiver fazendo, daqui por diante, como se nada mais houvesse no mundo de qualquer importância.

A criação de mil florestas encontra-se numa única bolota de carvalho.

A concentração e a perseverança construíram as grandes pirâmides nas planícies do Egito.

O mestre de um único ofício pode manter uma família. O mestre de sete ofícios não consegue manter a si mesmo. O vento nunca está a favor do marinheiro que não sabe a que porto se está dirigindo. Agora sei para onde desejo ir e sei como alcançar meu destino.

*Sempre irei lançar meu ser inteiro à tarefa em curso.*

Não muitas coisas indiferentemente, mas uma coisa supremamente é a exigência de nosso mundo. Aquele que espalha seus esforços não pode ter esperanças de ser bem-sucedido.

Se uma salamandra for cortada em duas, a metade dianteira irá correr para diante e a outra para trás. Assim é o progresso daquele que divide seu propósito. O sucesso sempre tem ciúmes de energias espalhadas.

Estou preparado para grandes mudanças em minha vida. O mundo saberá que alterei meu curso. Que poder imenso sobre a vida é o poder de possuir objetivos diretos. Minha voz, minhas roupas, meu olhar, meus próprios movimentos e gestos irão se modificar à medida que começar a viver meus dias com um propósito.

Como pude, como tantos outros, ter permanecido cego a essa grande verdade?

A pessoa que conhece uma coisa e a faz melhor que qualquer outra, mesmo que esta seja apenas a arte de cultivar lentilhas, recebe a coroa que merece. Se cultiva as melhores lentilhas por ter concentrado toda sua energia para esse fim, é um benfeitor da humanidade e é recompensado como tal.

*Sempre irei lançar meu ser inteiro à tarefa em curso.*

Decidirei sobre minhas metas e as manterei para sempre em meus pensamentos. Encontramos apenas o que buscamos de todo o coração. Se não procuro por nada em particular na vida, irei encontrar exatamente isso. A abelha não é o único inseto que visita a rosa, mas é a única que leva seu mel. Não importa quão ricos os materiais que reunimos durante os nossos anos de estudo e da labuta de nossa juventude. Se saímos para a vida sem uma idéia bem definida de nosso trabalho futuro podemos estar certos de que não haverá qualquer circunstância feliz e acidental que disporá o que fazemos numa imponente estrutura de magníficas proporções.

Freqüentemente nos dizem para almejar alto na vida, mas devemos almejar o que podemos alcançar, ao invés disso. Um propósito geral não é suficiente. A seta disparada pelo arco não fica perambulando para ver o que poderá atingir em seu caminho, mas voa diretamente para seu alvo.

O ribombo amplamente disperso do trovão não produz resultados comparáveis a um único e concentrado raio.

Agora sei que não posso perseguir um objetivo de valor, firme e persistentemente, com todos os poderes de minha mente e ainda assim falhar. Se eu concentrar os raios do sol com um vidro ustório, mesmo nos dias mais frios do inverno, posso acender um fogo com facilidade.

*Sempre irei lançar meu ser inteiro à tarefa em curso.*

A mais fraca das criaturas vivas, concentrando seus poderes num único objetivo, pode conseguir bons resultados ao passo que a mais forte, dispersando seu esforço em muitas tarefas, pode não conseguir realizar coisa alguma. As gotas d'água, caindo continuamente, abrem sua passagem através da mais resistente das rochas, mas a torrente apressada precipita-se sobre as mesmas com terrível rugido e não deixa vestígios atrás de si.

Deixarei meus vestígios. O mundo saberá que estive aqui.

*Sempre irei lançar meu ser inteiro à tarefa em curso.*

# Dezesseis

## O Oitavo Voto do Sucesso

☆

Fui cego demais.

Nunca reconheci a oportunidade quando esta surgiu em minha vida porque sempre esteve disfarçada de trabalho árduo.

Jamais notei aquela carruagem dourada esperando para transportar-me para uma vida melhor, uma vez que meus olhos sempre estiveram marejados das lágrimas da autopiedade enquanto eu perambulava pelas ruas secundárias da vida sem qualquer destino.

Minha visão não está mais prejudicada por minha atitude porque minha atitude foi transformada.

Agora compreendo que as oportunidades nunca aparecem com seu potencial de riqueza, sucesso ou honrarias pintado sobre elas. Toda a tarefa que empreendo deve ser realizada com o melhor de meus esforços ou me arrisco a que a maior das oportunidades deslize para fora de meu alcance sem o som de uma campainha de alarme. Um dia amanhece exatamente como todos os outros dias, e nele uma única hora floresce, exatamente como todas as outras horas, mas é possível que naquele dia e naquela hora eu possa ser confrontado com a chance de minha vida. Enfrentar qualquer tarefa, não importa quão difícil ou desprezível possa ela ser, com coragem e persistência, é o único modo pelo qual posso estar certo de agarrar as oportunidades supremas quando estas ocorrem, tenham elas sido proclamadas com fanfarra ou estejam escondidas, como de costume, sob uma camada de pó.

Desprezando o trabalho de cada dia e desabafando minhas frustrações sobre todos a quem tocava, nunca fui capaz de empenhar a mim mesmo em armar cerco à oportunidade. Agora, através destes pergaminhos, estou reconstruindo minha vida e daqui por diante avançarei de cabeça erguida, buscando a oportunidade tão ferozmente como o leão faminto busca seu alimento.

*Nunca mais irei esperar sentado que a oportunidade me abrace.*

Voltei minhas costas ao passado. Nenhum daqueles fracassos irá diminuir o novo ritmo de meus passos em direção à terra luminosa do sucesso e da felicidade onde passarei o resto de minha vida. Agora sei que se desejar cantar sempre poderei encontrar uma melodia.

Agora olho para trás apenas pelas reminiscências. Que triste fracasso permiti a mim mesmo me tornar. Há um velho provérbio que diz: "Desfrute do pouco que você tem enquanto o tolo está caçando mais." Era nisso que eu acreditava e assim que agia no passado, pois não é mesmo que todos os antigos provérbios dizem a verdade? Não! Estou começando uma nova vida e inverti aquele provérbio exatamente como alterei as ações de minha vida passada. Agora o provérbio reza: "Enquanto o tolo desfruta do pouco que tem, eu irei à caça de mais!"

N*unca mais irei esperar sentado que a oportunidade me abrace.*

Já aperfeiçoei, nestas poucas semanas, muitas virtudes de meu caráter, de modo que agora estou mais bem equipado para reconhecer a oportunidade e reclamar o meu quinhão. Já desarraiguei hábitos vis que me retinham, por meio da repetição diária das palavras destes pergaminhos, e a reconstrução apenas começou. Deixe-me começar onde estou, mesmo com algumas qualidades ainda em mim que freqüentemente me fazem desprezar a mim mesmo. Deixe-me cuidar delas, uma de cada vez, e usar a força de Deus para assistir minhas fraquezas. No pior dos casos, serei melhor do que sou se tiver a coragem de estender a mão além de onde alcanço e tiver fé suficiente para acreditar que posso ser o que deveria ser.

No passado permiti tolamente que meus fracassos e arrependimentos pesassem tanto sobre mim que sempre tinha de caminhar com a cabeça curvada para baixo e os olhos fixos no chão. Agora que a pesada carga de meu passado foi posta de lado e minha visão foi elevada, posso ver, em toda parte para onde olho, portas abertas dando-me boas-vindas a uma vida melhor.

*Nunca mais irei esperar sentado que a oportunidade me abrace.*

Todos os dias quando estabelecer meus objetivos, irei relacionar, bem no início da lista, um lembrete no sentido de que devo permanecer alerta às oportunidades. E a cada manhã, quando despertar, seguirei em frente para encontrar o dia com um sorriso, não importa que desagradáveis tarefas me confrontem. A oportunidade, como o amor, nunca é atraída por abatimento e desespero. Agora sei que aqueles mais bem-sucedidos na vida são sempre pessoas alegres e esperançosas que encaram seu trabalho com um sorriso no rosto e recebem as chances e mudanças desta vida mortal com humor e boa disposição, enfrentando o áspero e o suave igualmente quando estes sobrevêm. Estes são os homens e mulheres sábios que sempre produzem mais oportunidades do que encontram.

Como pude viver tantos anos sem perceber a verdade, que agora é tão clara para mim? Por que é que tantos de nós vemos os momentos de ouro da torrente da vida passarem por nós e não reconhecemos nada além de areia? Por que os anjos vêm nos visitar e apenas os reconhecemos depois que se foram?

As oportunidades, muitas vezes são tão pequenas que não as vislumbramos e, no entanto, freqüentemente são as sementes de grandes empreendimentos. As oportunidades também estão em toda parte e por isso devo sempre deixar meu anzol pendendo. Quando menos o esperar, um grande peixe poderá surgir.

*Nunca mais irei esperar sentado que o aportunidade me abrace.*

Não sou a pessoa que era há apenas algumas semanas atrás.

As oportunidades nunca mais permanecerão ocultas de mim outra vez.

Não irei mais me lamentar e rasgar minhas roupas, e maldizer o mundo por estar privado das coisas boas da vida. Ainda estou descontente com meu quinhão, mas agora sou um descontente que sai à chuva e explora os céus à procura do firmamento azul e das estrelas. Há dois tipos de descontentes neste mundo: o que trabalha e o que retorce as mãos. O primeiro obtém o que deseja e o segundo perde o que tem. Não há cura a não ser o sucesso para o primeiro, e não há cura de espécie alguma para o segundo. Sei quem sou. Gosto de mim como sou. Obrigado, Deus.

Agora compreendo que a oportunidade não bate em nenhuma porta. Ela responderá apenas quando eu bater. Irei bater várias vezes e alto.

*Nunca mais irei esperar sentado que a oportunidade me abrace.*

# Dezessete

## O Nono Voto do Sucesso

☆

Fui indulgente demais comigo mesmo.

Fechei depressa demais o livro de cada dia.

Nunca reservei tempo algum, antes de recolher-me, para computar o custo tanto do bem como do mal que causei a mim mesmo durante o dia.

Nunca ousei rever, com coragem e honestidade, meus pensamentos, palavras e ações de um dia, de modo a moldar melhor o dia seguinte.

A verdade acerca do sucesso e como atingi-lo nunca esteve oculta de mim. Simplesmente estive tão emaranhado na luta pela sobrevivência que fui incapaz de reconhecê-la.

Ao término de cada dia, estava farto. Quaisquer asneiras, falhas ou acidentes que obscurecessem minhas horas eram rapidamente afastados de minha mente. Amanhã será um novo dia, costumava prometer a mim mesmo. Talvez a vida fosse mais gentil para comigo. Errado!

Finalmente minha visão está clara.

Agora posso ver que o mundo é um mercado onde tudo está marcado com um preço estabelecido e devo manter minha decisão, seja o que for que eu compre com meu tempo, labor ou ingenuidade, sejam riquezas, conforto, fama, integridade ou conhecimento. Não devo agir nunca como uma criança que, ao adquirir uma coisa, lamenta não possuir outra. Uma vez que as transações diárias que faço por parte de minha vida são difíceis de rescindir, deixe-me estar certo, no futuro, de estar acumulando coisas de valor e permanência em troca de minha labuta e suor. O único modo pelo qual isso pode ser feito, com certeza, é pela execução de um exercício especial, diariamente, que devo fazer antes de render-me ao sono.

*Sempre irei examinar, a cada noite, o que fiz no dia que se vai.*

Os piores de meus vícios e maus hábitos terminarão por enfraquecer se forem examinados dia a dia. Que alegria, que sono abençoado irá seguir-se sempre a tal inspeção pessoal.

As perguntas se formam em minha cabeça com um pouco de indução:

Que enfermidade dominei hoje?

A que paixão me opus?

A que tentação resisti?

Que virtude adquiri?

Através destes pergaminhos comecei já a saudar cada novo dia com um plano, de modo que a elevada estrada sobre a qual viajo está bem marcada. Agora, ao final do dia, irei pesar cuidadosamente o progresso e os problemas de minha jornada, e este último de meus bons hábitos adquiridos irá criar em minha mente um diário de hoje e um livro de instruções para o amanhã.

*Sempre irei examinar, a cada noite, o que fiz no dia que se vai.*

À noite, assim que minha vela se extinguir, irei rever as palavras e ações de cada hora do dia e não permitirei que nada escape ao meu exame, pois por que deveria eu temer a visão de meus erros se tenho o poder de admoestar e perdoar a mim mesmo?

Talvez eu tenha sido um pouco mordaz demais em determinada disputa. Minha opinião poderia muito bem ter sido retida, pois serviu para ferir e não resultou em nenhum bem. A coisa era verdadeira mas nem todas as verdades podem ser ditas a qualquer momento. Eu deveria ter refreado minha língua pois não há sentido em disputas, seja com tolos, seja com nossos superiores. Fiz mal, mas isso não irá mais acontecer.

Experiência é o nome que a humanidade sempre atribuiu às suas loucuras e pesares. Isso não precisa ser assim. As lições de hoje podem ser o fundamento de amanhã para uma vida melhor, desde que eu tenha a força de vontade para aprendê-las e aplicá-las.

*Sempre irei examinar, a cada noite, o que fiz no dia que se vai.*

Deixe-me rever minhas ações, deixe-me observar a mim mesmo como o poderia fazer meu maior inimigo, e me tornarei meu melhor amigo. Irei começar, agora mesmo, a me tornar o que serei daqui por diante. A escuridão pode baixar mas o sono não toldará meus olhos até que eu tenha revisto completamente os eventos de meu dia.

O que deixei de fazer que devia ter sido feito?

O que fiz que poderia ter sido feito melhor?

Uma das grandes alegrias não descobertas desta vida vem de fazer tudo o que se tenta com o melhor de nossas habilidades. Há um sentimento especial de satisfação, um orgulho em examinar tal trabalho, um trabalho redondo, cheio, exato, completo em todas as suas partes, ao qual a pessoa superficial que deixa seu trabalho numa condição relaxada, desalinhada, semiterminada, nunca pode conhecer. É essa integralidade conscienciosa que transforma qualquer trabalho em arte. A menor das tarefas, bem executada, torna-se um milagre de realização.

O trabalho de hoje será superado amanhã. Não pode ser de outra forma. O aperfeiçoamento sempre se segue ao exame e à revisão. Todos deveriam ser mais sábios hoje do que ontem.

*Sempre irei examinar, a cada noite, o que fiz no dia que se vai.*

Sobrevivi ao dia sem lamentar a mim mesmo?

Saudei o amanhecer com um projeto e um objetivo?

Fui amável e agradável com todos que encontrei?

Tentei caminhar o quilômetro extra?

Permaneci alerta às oportunidades?

Procurei pelo lado bom de todos os problemas?

Sorri diante dos rostos da raiva e do ódio?

Concentrei minha força e propósito?

O que pode ser mais lucrativo que essa revisão diária de minha vida de modo que eu possa vivê-la com orgulho e satisfação?

Meu dia não mais terminará quando o sol se põe. Há, agora, mais um ato a executar.

*Sempre irei examinar, a cada noite, o que fiz no dia que se vai.*

Dezoito

# O Voto Final

☆

Prometo...
Juro...
Faço o voto de... nunca esquecer que o maior talento que Deus me concedeu é o poder de orar.

Através do triunfo e do desalento, do amor e da mágoa, do êxtase e da dor, do aplauso e da rejeição, do sucesso e do fracasso, sempre posso acender a chama da fé em meu coração por meio de uma oração, para que me oriente em segurança através das brumas da dúvida, da negra obscuridade da futilidade, dos caminhos estreitos e espinhosos da doença e do pesar, e por sobre os traiçoeiros lugares da tentação.

Agora sei que Deus irá ouvir apenas ao que meu coração fala.

Pela manhã, a oração é a chave que irá abrir-me os

tesouros das bênçãos de Deus e à noite é a chave que me coloca sob a Sua proteção.

Enquanto for possível orar, há sempre esperança e coragem. Sem a oração posso fazer pouco; com ela, todas as coisas são possíveis. Deixemos que este décimo e último voto me oriente na condução de minha vida:

*Sempre irei manter contato, através da oração, com meu criador.*

Menos palavras, melhor oração.

Entre minhas orações estarão estas simples palavras...

## *Oração a um Amigo Invisível*

*Meu Amigo especial, obrigado por me ouvires. Sabes com que empenho estou tentando satisfazer a Tua fé em mim.*

*Obrigado, também, por este lugar onde habito. Não permite que nem trabalho nem diversão, não importa quão satisfatório ou glorioso, jamais me separe, por muito tempo, do amor que une minha preciosa família.*

*Ensina-me como participar do jogo da vida com honestidade, coragem, firmeza e confiança.*

*Dê-me alguns amigos que me compreendam e ainda assim permaneçam meus amigos.*

*Concede-me um coração clemente e uma mente destemida para viajar mesmo que a trilha possa não estar marcada.*

*Dá-me senso de humor e um pouco de lazer com nada a fazer.*

*Ajuda-me a empenhar-me pelo mais alto prêmio legítimo ao mérito, ambição e oportunidade, e no entanto nunca permitas que eu esqueça de ajudar a outros que precisem de encorajamento e assistência.*

*Dê-me força para fazer frente a qualquer coisa que esteja por vir, para que eu seja bravo em situações de perigo, constante nas tribulações, moderado quando estiver com raiva e sempre preparado para qualquer mudança de sorte.*

*Capacita-me a um sorriso ao invés de uma carranca, uma palavra gentil e alegre ao invés de aspereza e amargor.*

*Torna-me solidário ao pesar dos outros, percebendo que há aflições ocultas em todas as vidas, não importa quão exaltadas.*

*Mantém-me sempre sereno em todas as atividades da vida, nem indevidamente jactancioso nem dado ao pecado mais sério da autodepreciação.*

*No pesar, possa minha alma ser elevada pelo pensamento de que se não houvesse sombra, não haveria o brilho do sol.*

*No fracasso, preserva minha fé.*

*No sucesso mantém-me humilde.*

*Dá-me firmeza para fazer a parcela completa de meu trabalho, e mais, da melhor maneira que eu possa, e quando isso estiver feito, pára-me, paga a retribuição que Tu quiseres e permite-me dizer, com um coração amoroso... um agradecido Amém.*

# Dezenove

☆

Erasmo estava sentado num banco de madeira, perto da enorme fonte do pátio, os cotovelos descansando sobre os joelhos. Continuou a olhar para suas sandálias mesmo depois de ouvir passos se aproximando.

— O que há de errado, Erasmo? — perguntou Galeno, incerto.

— Há quanto tempo ele está sozinho naquela montanha?

Galeno sorriu. Era a mesma pergunta que havia ouvido, muitas vezes por dia, durante a última semana.

— Vinte e oito dias se passaram desde que nos separamos de Hafid.

Erasmo balançou a cabeça, desanimado e levantou-se.

— Por favor, caminhe comigo, Galeno. Sua companhia e seu rosto sorridente têm sido recursos preciosos durante esses dias cheios de preocupação.

Em pouco estavam no lado norte do pátio ajardinado, parados sob a arcada de ciprestes que protegiam a tumba de Lisha. Erasmo apontou com a cabeça na direção do banco de mogno próximo e disse:

— Todas as manhãs, quando Hafid está em casa, sempre senta-se ali e fala com sua Lisha como se ela estivesse por perto, colhendo flores. Então cochila. A única coisa que não gostava em seus ciclos de palestras, dizia com freqüência, era que sentia falta de conversar todos os dias com sua amada.

— Em todos os meus passeios nunca vim a esta parte do pátio — disse o promotor de eventos enquanto continuava a se encaminhar na direção do elevado túmulo de mármore enquanto Erasmo permanecia no banco favorito de Hafid.

— Que rosa incomum! — exclamou Galeno, ajoelhando-se subitamente diante do espinhento arbusto verde que guardava a porta única de bronze da tumba.

— O que pode haver de tão incomum em relação a uma rosa branca? — suspirou Erasmo. — Está aí porque era a favorita de Lisha. Quando Hafid finalmente for sepultado, ao lado dela, quer que plantemos uma rosa vermelha perto da branca de Lisha.

— Erasmo! — bradou Galeno. — Você precisa vir aqui! Agora!

Surpreso pela urgência na voz de seu hóspede,

o velho guarda-livros levantou-se de um salto e se apressou na direção de Galeno, que estava sentado no chão, a boca aberta, a mão trêmula apontando para uma rosa dobrada plenamente desabrochada.

— Olhe, Erasmo!

Cachos de rosas brancas, tanto em botão como desabrochadas, cobriam quase toda a alta planta, mas Galeno apontava para uma única rosa.

— Não pode ser! — soluçou Erasmo, caindo de joelhos. — Não pode ser!

— Mas é — gritou Galeno enquanto olhava com descrédito. — Uma adorável rosa vermelha crescendo numa roseira branca!

— Alguma coisa aconteceu a Hafid — afligiu-se Erasmo. — Temos de ir ao seu encontro. Agora!

Em menos de uma hora, uma pequena carruagem partiu às pressas dos estábulos do palácio e por volta de meio-dia, com Galeno empunhando as rédeas, haviam atingido o sopé do monte Hermon. Pouco depois de terem iniciado a subida, Erasmo consultou seu mapa e dirigiu Galeno para a direita quando alcançaram uma trifurcação da estrada de terra. Mais tarde passaram pela coluna gigante de pedra e Erasmo disse:

— Deveremos estar lá muito breve. Seu pequeno retiro, contou-me Sérgio uma vez, está oculto por um pequeno bosque.

— Lá está ele — gritou Galeno, agitando o chicote na direção do grupo de zimbros rodeados por rochas brancas e areias móveis.

Assim que entraram no bosque, Galeno deteve a carruagem. A apenas alguns côvados à frente achava-se a carroça de Hafid, com as rédeas atiradas sobre um grosso poste perto da entrada da pequena casa.

— Aparentemente, ele está se preparando para retornar a Damasco — disse Erasmo enquanto ele e Galeno desciam da carruagem. — Parece que nossas preocupações e esta viagem foram em vão. Hafid provavelmente completou sua tarefa, finalmente, e está voltando para casa.

Galeno bateu à porta da frente várias vezes, porém não houve resposta. Voltou-se para Erasmo que, sem hesitação, abriu a porta, empurrando-a lentamente, e chamou:

— Hafid! Hafid! É Erasmo. Responda, por favor!

Não houve resposta. Assim que se viram lá dentro, Erasmo avistou a grande mesa de trabalho com seus cálamos e vidros de tinta. Sobre a mesa havia outro objeto familiar.

— Olhe, lá está a velha arca que Hafid adquiriu em Roma!

O baú estava aberto e cheio até o alto de pergaminhos.

— Galeno, veja como esses pergaminhos foram numerados pelo lado de fora por Hafid. Isto é exatamente como os outros pergaminhos, que ele recebeu há tanto tempo atrás, estavam marcados. Se eu não soubesse, poderia jurar que estava olhando para o baú original e os pergaminhos que Pathros passou adiante a meu amo quando este era apenas um jovem cameleiro. Este é, com efeito, um dia de milagres!

**********************

Erasmo estendeu a mão para a arca, retirou o pergaminho marcado com o numeral romano "X", desatou a pequena fita verde e lentamente desenrolou o pergaminho.

— Graças a Deus — disse sorrindo, enquanto virava o pergaminho de modo que Galeno pudesse ver a escrita de Hafid. — O amo completou sua missão. Este é o pergaminho final. Agora, vamos encontrar o homem de modo que possamos todos ir para casa. Ele não pode estar longe.

Chamando seu nome, eles saíram pela porta dianteira e lentamente deram a volta até os fundos, onde puderam ver pela primeira vez o círculo de pedras brancas.

— Lá está ele — gritou Erasmo —, inclinado de encontro à maior pedra! Deus seja louvado. Hafid! Hafid!

Erasmo não conseguia se mover tão rapidamente como seu companheiro mais jovem. Quando chegou à pedra, Galeno já se levantava de sua posição ajoelhada, com ambas as mãos erguidas. As lágrimas corriam por suas faces e ele soluçava.

— Erasmo, o nosso amigo está morto. Finalmente Hafid está com sua adorada Lisha.

Erasmo gemeu e caiu de joelhos, aninhando a forma sem vida de seu amo de encontro ao peito.

— O corpo ainda está quente. Tivéssemos chegado antes poderíamos tê-lo salvo. Ele morreu sozinho. Isso não está certo. Ele morreu sozinho. Oh, amo, por favor, perdoe-me. Tenha misericórdia de mim por não haver cuidado melhor do senhor. Eu te amo. Lamento tanto que tenha morrido sozinho!

**********************

Uma brisa cálida soprou subitamente através da montanha. Galeno ajoelhou-se ao lado de Erasmo e disse:

— Seque suas lágrimas, velho guarda-livros. Seu amo não morreu sozinho.

— O que quer dizer? — bradou Erasmo enquanto continuava a acariciar suavemente a testa de Hafid.

— Ele não morreu sozinho — repetiu Galeno. — Olhe!

Em seu profundo pesar e comoção, nenhum dos dois notara que, cingindo os ombros do maior vendedor do mundo, havia uma túnica vermelha... uma túnica vermelha desfiada.

# VOCÊ ACHOU UM TESOURO!

Em 1976, aos 52 anos, Og Mandino surpreendeu a indústria editorial norte-americana ao deixar a presidência da famosa revista *Success Unlimited* para se dedicar em tempo integral à carreira de escritor e conferencista. A surpresa durou pouco, porque ele logo se tornou um exemplo de sucesso, tanto como conferencista — é um dos mais solicitados nos EUA — quanto como escritor: seus livros são bestsellers em todo o mundo, com vários milhões de leitores.

Og Mandino é, sem sombra de dúvida, o mais inspirado — e o mais lido — escritor sobre iniciativa e esforços pessoais nas últimas décadas. O segredo para alcançar tão extraordinário sucesso consiste em apresentar a vida nos termos mais claros e simples: verdade, sinceridade e fé. Seus milhões de leitores não tiveram dificuldade em perceber a espiritualidade revelada em cada página através da mensagem de que a vida é um dom maravilhoso e é preciso vivê-la em toda a sua plenitude — e não existe tesouro mais precioso do que nossa própria vida. Og Mandino ensina você a tirar o maior proveito dela.

**Agora que achou o tesouro, não o deixe escapar!**

---

## O MAIOR VENDEDOR DO MUNDO

112 págs. — Ref.: 013557

*"Um dos livros mais inspiradores, mais interessantes e mais úteis que já li."* — **Norman Vincent Peale**

Og Mandino conta a história de um vendedor na época de Cristo e, através de interessantes episódios, ensina muito mais que as melhores técnicas de vendas. Ensina também que satisfação e bem-estar são resultado do encontro do homem com sua verdadeira personalidade e suas verdadeiras emoções, e que a conseqüência lógica da utilização deste encontro na vida diária é a conquista de tudo o que se deseja. Este livro tem sido um sucesso em todo o mundo e não é à toa que grandes empresas como a Coca-Cola e a Volkswagen compraram milhares de exemplares!

Robert B. Hensley, executivo de uma importante companhia de seguros nos EUA, afirmou: "É, sem dúvida, a maior e mais tocante história que jamais li. É tão bom O MAIOR VENDEDOR DO MUNDO que há dois deveres que eu vincularia a ele: primeiro, não se deve deixá-lo antes de terminar; e, segundo, todas as pessoas que vendem alguma coisa — e isto inclui todos nós — devem lê-lo."

---

## O MAIOR MILAGRE DO MUNDO

144 págs. — Ref.: 013573

Onde termina o *vendedor* começa o *milagre*. Paul J. Meyer, alto executivo norte-americano, comentou: "Tenha ou não lido a obra-prima anterior de Mandino, O MAIOR VENDEDOR DO MUNDO, o leitor só terá a ganhar, e muito, conhecendo este novo livro genial. É impossível que alguém deixe de se impressionar com a influência de Simon Peter, o místico apanhador de papéis, que trará profundas transformações na vida de quantos lerem O MAIOR MILAGRE DO MUNDO."

Conta sobre um homem que se encontra — pessoalmente — com Deus, e só descobre isso mais tarde. Você vai se emocionar com esta história fantástica e inspiradora de Og Mandino, que revela a você horizontes de segurança, felicidade e realização pessoal abertos pelo MAIOR VENDEDOR DO MUNDO e inclui um extraordinário bilhete de Deus dirigido a você.

---

## O MAIOR SEGREDO DO MUNDO

176 págs. — Ref.: 013565

Muitos autores escreveram sobre a felicidade, a sinceridade, a verdade, o amor e a fé de uma forma teórica, que encanta os leitores, mas os leva ao fracasso quando tentam pôr em prática seus ensinamentos. O MAIOR SEGREDO DO MUNDO é diferente, e é diferente porque funciona! Nele se encontra a chave para você ultrapassar a barreira do espiritual, da retórica, e chegar ao plano prático.

Og Mandino afirma que "você é o maior milagre da Natureza", e mostra como agir para alcançar a transformação pessoal que você quer e que foi proposta em O MAIOR VENDEDOR DO MUNDO e O MAIOR MILAGRE DO MUNDO.

Este manual prático é extraordinário e tem aberto a milhões de leitores as portas de um mundo de felicidade pessoal e realizações duradouras, o que é comprovado pela volumosa correspondência dirigida ao autor.

Leia este livro e saiba como obter sucesso em sua vida pessoal. Ele inclui ainda um Marcador de Sucessos e os Dez Pergaminhos de Ouro encontrados pelo VENDEDOR.

---

## A RESSURREIÇÃO DE CRISTO

272 págs. — Ref.: 017400

Este livro é um desafio.

Og Mandino demorou alguns anos para escrevê-lo e, confessa, abandonou o manuscrito várias vezes, pois não se achava à altura da tarefa. Felizmente, depois de deixar o cargo de presidente da revista *Success Unlimited*, conseguiu concluir esta verdadeira obra-prima, que emociona a todos que a lêem.

O livro conta a história de um escritor de romances de mistério que investigava a verdade sobre a Ressurreição de Cristo. Não conseguia terminar a tarefa pois faltavam dados fundamentais na pesquisa e, o mais grave, começava a duvidar se tinha havido realmente uma ressurreição. Corajosamente, admitiu seus temores durante uma entrevista na TV e afirmou que, se pudesse voltar no tempo, iria se empenhar com todas as forças e habilidades de investigador para descobrir a verdade.

Extraordinariamente, naquela mesma noite, o escritor teve seu desejo atendido e se viu transportado para a antiga Jerusalém, entre os inimigos e seguidores de Jesus, e pôde desvendar o mistério que tanto o intrigava. A conclusão a que chegou é espantosa e comovente — e você não conseguirá largar este livro antes de chegar ao final.

---

Com Buddy Kaye

## O MAIOR PRESENTE DO MUNDO

128 págs. — Ref.: 015081

"Que bela história. Faz-nos lembrar de novo coisas que estão guardadas bem dentro de nossos corações, mas que teimamos em esquecer." — Jesse Lair

Este é um livro para quem acredita em milagres, afirma Og Mandino. Conta a história de Tulo Mattis, que viveu num mundo gelado e inóspito e pertencia a um povo praticamente desconhecido. Tulo levava uma vida árdua, mas feliz, no meio de sua gente. Bruscamente, porém, a tragédia se abateu sobre ele, levando-o ao desespero, à desilusão, à perda da confiança em si mesmo e, o que era pior para ele, à renúncia ao excepcional talento como escritor.

Mas, quando tudo parecia perdido, um milagre acontece. O milagre é uma pequena estrela, chamada Acabar, que fala com Tulo e, em meio àqueles estranhos e maravilhosos acontecimentos, durante um longo e frio inverno ártico e uma tempestade de neve interminável, a vida de Tulo e de seu povo muda totalmente.

Og Mandino escreveu esta emocionante história com Buddy Kaye, famoso compositor norte-americano. Uma história simples para ser amada e lembrada, uma lição de amor e abnegação num mundo conturbado pelas ambições, por egoísmo e vaidade.

## A UNIVERSIDADE DO SUCESSO

568 págs. — Ref.: 025338

Cada lição deste livro o levará mais perto das metas que você traçou para sua vida: Como dominar as 10 causas mais comuns do fracasso. Como utilizar melhor as suas qualidades. Como encontrar coragem para correr riscos. Como deixar de adiar as decisões. Como construir as suas reservas financeiras. Como se comportar como um vencedor. Como ser dono de sua vida. Tudo isso e muito mais em 50 memoráveis lições das maiores autoridades do sucesso que fazem de UNIVERSIDADE DO SUCESSO um verdadeiro e eficiente curso superior que levará você, lição após lição, ao mundo do sucesso sem limites e ensinará as regras do importante jogo de obter o sucesso, o jogo da vida!

O reitor desta Universidade é Og Mandino e ele faz um convite irrecusável a você — leia este livro e comece uma nova era em sua vida! E ele lembra o caso de indivíduos que modificaram suas vidas e até o curso da História a partir da leitura de um único livro. Talvez seu nome seja o próximo da lista. Mas depende unicamente de você, pois ninguém pode viver sua vida em seu lugar, ninguém pode conseguir o sucesso por você! E este é o livro máximo sobre o sucesso. Agora é a sua vez.

---

## O MAIOR SUCESSO DO MUNDO

160 págs. — Ref.: 019828

A história aconteceu em Jericó, à época de Cristo, e seu personagem principal é Zaqueu. Órfão desde os cinco anos, as crianças zombavam de seu corpo deformado. Ainda assim, Zaqueu tornou-se um homem mais rico que o próprio rei. Você vai conhecer a história de Zaqueu e ele próprio ensinará que é possível transformar dias de desespero, insegurança e infelicidade em uma vida repleta de alegria, paz e riqueza.

Através dos ensinamentos revelados pelos Dez Mandamentos do Sucesso, você vai aprender como tornar-se qualquer tipo admirável de ser humano que você deseja ser — porque você *pode*! Seu único compromisso — ensina Zaqueu — é ser fiel a si mesmo. Então faça o possível, mas naquilo que souber fazer melhor. Em seu íntimo, você saberá que é o maior sucesso do mundo.

---

## SUCESSO SEM LIMITES

208 págs. — Ref · 017418

*Sucesso* é uma das palavras de mais difícil definição. Para alguns pode significar fama e poder pessoal; para outros, a fortuna; para muitos, um lar feliz, repleto de amor. Seja qual for sua definição este livro vai ajudá-lo a alcançar o sucesso que deseja. Og Mandino reuniu uma seleção de depoimentos autênticos de homens famosos sobre suas carreiras, como conseguiram obter o sucesso. Transformou este livro num verdadeiro manual prático, não do que as pessoas acham que você deve fazer para ser um sucesso, mas do que elas próprias viveram!

As experiências relatadas em SUCESSO SEM LIMITES vão ensiná-lo a desenvolver muito mais do que imagina o potencial interior que existe em você, vão ajudá-lo a vencer o medo e a dominar o vício da preocupação, ou ainda ensinar o que você deve fazer para atrair o amor e a amizade ou triunfar sobre a doença e a tragédia.

Este livro é uma chave extremamente útil para a sua vitória, e irá indicar como você pode transformar-se na pessoa que sempre quis ser, garante Og Mandino.

---

## A ESCOLHA CERTA

208 págs. — Ref.: 025593

Og Mandino escreveu mais uma história emocionante que é uma surpreendente mensagem de esperança e amor. Ele fala de um escritor e sua trajetória para o sucesso com a publicação do livro-*Como Viver Melhor*. Fala ainda de estranhos bilhetes do "Paraíso" que o autor começou a receber, e nos quais você descobrirá um grande segredo...

Com este livro comovente, Og Mandino ensina mais uma vez que há uma forma de viver melhor, e que a escolha certa é fundamental. Ele afirma que temos opções. Não precisamos passar nossa vida nos resignando com o fracasso, a pobreza, a vergonha, a aflição e a autopiedade. Se tantas pessoas concordam em viver assim, é porque nunca exerceram suas opções pelas melhores coisas da vida da maneira certa, ou nunca tiveram a consciência de que podem escolher um mundo melhor para si próprias e para os que amam.

---

## SUCESSO: A MAIOR MISSÃO

176 págs. — Ref.: 030809

Nesta história inspiradora o jovem oficial Luke Gardner sobrevoa os sombrios e perigosos céus da Alemanha Nazista, onde a cada instante pode ser abatido. O acaso, no entanto, promove um encontro com a viúva idosa Winnie Marlow e, a partir daquele momento, sua vida toma outro significado, passando a receber uma estranha ajuda dos "amigos lá de cima".

Um livro que vai transmitir fé e esperança a você ou a qualquer pessoa que você ame e que esteja em momento de desespero e aflição, como esta sensação do aviador pilotando sobre um campo de guerra. A estranha viúva concede ao jovem oficial as sementes do sucesso e uma promessa: todos que a lerem e a colocarem realmente em ação tornar-se-ão milionários e poderosos. Uma promessa de vida, oferecida a você também, leitor.

Este livro foi composto na tipografia
Times New Roman, em corpo 10/15, e impresso em
papel off-set no Sistema Digital Instant Duplex
da Divisão Gráfica da Distribuidora Record.